LA BROUETTE

DU VINAIGRIER,

DRAME

EN TROIS ACTES;

Par M. MERCIER.

Prix, 30 sols.

A LONDRES;

Et se trouve à Paris,

Chez les Libraires, qui vendent les Nouveautés.

MDCCLXXV.

PREFACE.

C'EST une aventure affez connue, arrivée à Paris au commencement de ce fiécle qui a fourni le fujet de ce Drame. Le fait eft plaifant & fert à prouver que l'orgueil des rangs, fi haut, fi intraitable dans fes difcours, fait s'humanifer à propos, & qu'il ne s'agit au fond que des conditions pécuniaires.

C'eft en même tems un exemple (quoiqu'en petit) de ce qui fe paffe tous les jours dans le monde : toutes ces plaintes fur de prétendues méfalliances font ordinairement le cri de la cupidité trompée. On unit pour toute la vie (au nom de l'argent) deux perfonnes, qui ne fe font jamais vues ; on fépare deux ames fenfibles, faites l'une pour l'autre, & le mariage, contrat & lien des cœurs, eft déshonoré par ce calcul intéreffé, qui femble éteindre les plaifirs de l'amour & vendre jufqu'aux chaftes baifers de l'innocence.

Voilà l'ouvrage des hommes. Ils s'uniffent ou fe méprifent, ils s'embraffent ou fe repouffent, ils fe flattent ou fe déchirent, à raifon d'un coffre fort vuide ou plein ; & ils accufent enfuite le plus augufte des nœuds, des malheurs qu'ils ont préparés eux-mêmes. Plus ou moins d'un métal jaune ou blanc établit des intervalles immenfes entre citoyens enfans de la même patrie & égaux par leur mutuelle dépendance, quand ils ne le feraient pas par la loi de nature !

Ne pourrait-on pas faire par raifon & par fentiment
ce qu'on a fait mille fois par avarice ? Mais non, pour
créer des diftinctions imaginaires, on détruit les liens
de la plus naturelle fraternité ; l'acte le plus libre eft
afſervi à toute la maffe de nos préjugés. On fait gémir,
dans la fleur de fa jeuneffe, la Beauté qui fe confume,
appellant envain l'Hymen tardif, que l'Orgueil
tyrannique éloigne encore. On aime mieux la livrer à
une mort lente, que d'ôter quelques grains à la ba-
lance qui pefe fcrupuleufement les fortunes, & la rou-
geur monte plus enflammée au front de tel pere à qui
on demande fa fille, que fi on lui apprenait fa honte
ou fon infamie.

Qu'arrive-t-il aufſi de mettre à l'encan la Beauté ?
Tout defpotifme aigrit l'ame ; la Difcorde prend la
place de l'Amour, & les Furies fondent leur trône
fur des facs de mille livres.

Tout ce qui mêle les différens états de la fociété, &
tend à rompre l'exceffive inégalité des conditions,
fource de tous nos maux, eft bon politiquement
parlant. Tout ce qui rapproche les citoyens eft le
ciment facré qui unit les nombreufes familles d'un
vafte État, qui doit les voir d'un œil égal. La même
loi qui défend aux freres de s'allier à leurs fœurs, devrait peut-être interdire aux riches de s'allier aux riches.

Qu'il eft beau, même en fpéculation, de voir certaines familles defcendre d'une hauteur démefurée, tandis que d'autres monteraient, paraîtraient fur la fcène
à leur tour & fe régénéreraient. Cette efpece d'échange

de biens , ferait fort avantageux à la Nation. Il promenerait le figne de toutes les valeurs, & par conféquent le gage des jouiffances. Il adoucirait la lutte terrible & perpétuelle de l'opulent fuperbe & du pauvre envieux. Il difperferait le fuc nourricier & ferait refleurir toutes les branches qui périffent & fe deffèchent. Que de beaux arbres antiques, à tête augufte & fière , couvriraient obfcurément la terre de leurs rameaux fans l'arrofoir de la finance ! Mais tout le monde n'eft pas affez noblement né pour avoir de fortunées fyllabes à trafiquer.

Que j'aimerais à voir refluer la féve jufques dans les plantes humbles qui rampent aux pieds de ces chênes élevés qui , les bras ouverts à tous les rayons du foleil, interceptent la moindre goutte de rofée. Quel eft l'homme qui trouvera le fecret du meilleur fyftème économique ; ce fera celui peut-être qui faura le mieux hacher les groffes & monftrueufes fortunes, les divifer , les fubdivifer ; il aura trouvé le remede le plus preffant à l'hydropifie qui étouffe les uns, tandis que l'ethifie mine les autres....

Mais revenons à notre anecdote. On ne la tranfcrira point ici ; parce qu'elle fe trouve confignée dans tous les recueils d'hiftoriettes, inventés pour l'amufement des lecteurs ; tel eft de ce nombre le fameux livre intitulé *le Gage touché*, &c. J'ai connu un vieillard , contemporain de mon héros , qui m'a dit que le Vinaigrier avait nom ********, & que le pere avec qui il s'allia , était homme de naiffance. Le fils du Vinaigrier , éperdument amoureux, tomba malade de langueur ; & , le pere , lui ayant arraché son secret, l'encouragea à avoir bonne efpérance. Il apporta l'éloquente Brouette qui perfuada ; & le mariage qui ne fe ferait point fait, fe fit par ce moyen.

On ne manquera pas, même avant que d'avoir lu la piece ; de dire : *la Brouette du Vinaigrier ! quel fujet !... les perfonnages de ce Drame font trop bas !* j'ai prévu le reproche , & je l'ai bravé.

Qu'on ne calomnie point ma Brouette ; elle eft affurément refpectable. Il n'eft aucun homme qui, la trouvant à fa porte , ne s'empreffât, & par préférence , à lui donner l'hofpitalité. Elle renferme l'objet des vœux ardens de tous les mortels. Cela change la thèfe , je crois. La poule aux œufs d'or , fi elle éxiftait ; pondrait fierement fur le trône des Rois. Me voilà donc réconcilié avec le *bon goût.* Ma Brouette n'eft pas exterieurement dorée comme le *coffre de Ninus* * : mais elle n'y perd rien ; elle peut fe préfenter en bonne compagnie ; elle aura l'air de ces gens qu'on reçoit fous des habits mefquins ; parce qu'on fait qu'il ne tient qu'à eux d'être vétus autrement. Voilà donc ma Brouette annoblie , ou je ne m'y connais pas. Le cenfeur le plus farouche s'adoucira, & voudrait bien la tenir ; dût-il la rouler comme mon héros.

Mais j'ai d'autres raifons à donner , fi l'on veut bien m'entendre. Le Poëte dramatique (ainfi du moins je le conçois) eft peintre univerfel. Tout

---

* Dans le Sémiramis de M. de Voltaire.

le détail de la vie humaine eſt également ſon objet. Le manteau royal & l'habit de bure ſont
indifferens à ſon pinçeau. Il ne s'arrête point à ces
décorations extérieures , ouvrage du hazard ou du
moment. C'eſt le cœur de l'homme qu'il cherche,
qu'il ſaiſit , qu'il tourne entre ſes mains , qu'il exa-
mine à loiſir. Tout lui eſt précieux dès que la choſe
eſt vraie , & peut ajouter à la fidelité du tableau. Il
aura un reſpect attentif pour tous les traits naïfs qui
conſtituent tel individu. Après avoir ſoulevé la premiere ſuperficie , il verra les mêmes affections régir
le Monarque & le pâtre. Ce n'eſt , au fond , que la
même ſubſtance , & le cri de la nature n'eſt pas plus
déchirant dans le ſein de l'un , que dans le ſein de
l'autre. Aux yeux du Poëte , rien donc ne ſera grand
que la vertu , rien ne ſera vil que le vice. Que lui
importe un diadême ? Sous cette étoffe groſſiere ,
il a touché une ame ſenſible. Voilà ce qu'il demande, ce qu'il aime à peindre , ce qu'il adopte avec
tranſport. Voilà l'objet inépuiſable de ſon art. Il
devient fécond , animé , riant & moral. Il l'aura
creuſé dans toute ſa profondeur ; il l'aura vu ſous
tous ſes rapports , c'eſt-à-dire , accompagné des
grands moyens de former les mœurs, & de préſider
à l'inſtruction publique ; il n'aura rien dédaigné en
conſéquence de ce qui éxiſte ; (car tout fait leçon
à qui fait voir :) il aura toujours préféré l'homme à
l'acceſſoire ; & la ſatisfaction d'avoir honnoré quelquefois le mérite privé de titres , lui tiendra lieu de
gloire , au défaut du ſuccès.

✠✠✠✠✠:✠✠✠✠✠✠✠✠✠✠✠✠✠✠✠✠✠✠✠✠

PERSONNAGES.

Monsieur DELOMER, *Négociant.*

Mademoiselle DELOMER.

Monsieur JULLEFORT, *prétendu de Mademoiselle Delomer.*

DOMINIQUE *pere, Vinaigrier.*

DOMINIQUE *fils.*

Monsieur DU SAPHIR, *Bijoutier.*

DOMESTIQUES.

*La Scene est à Paris, dans la maison de
Monsieur Delomer.*

LA

LA BROUETTE

DU

VINAIGRIER,

DRAME.

ACTE PREMIER.

SCÈNE PREMIÈRE.
M. JULLEFORT, M. DU SAPHIR.

(M. Jullefort entre comme M. du Saphir sort ; ils se croisent d'abord au milieu du Théâtre, & ne se reconnaissent qu'après s'être salués.)

M. JULLEFORT.

EH ! c'est vous, Monsieur du Saphir ?

M. DU SAPHIR.

Monsieur, bien charmé de la rencontre ; elle est

A

heureuse ; je suis toujours tout à votre service ; je vous ai les plus grandes obligations.... & ma reconnaissance....

M. JULLEFORT.

Vous avez un teint de rubis .... la femme , les enfans , le commerce ; comment tout cela va-t il ?

M. DU SAPHIR.

Le bijou ne va pas mal , si l'on était payé .... & vous, Monsieur, à propos, pas encore marié ? J'attends après vous ; car j'espere bien que ce ne sera pas un autre que moi qui aura l'honneur de vous servir ... J'ai toujours en réserve ces belles girandoles que vous m'aviez demandées pour cette veuve.

M. JULLEFORT, *se retournant , alarmé.*

Paix donc ! paix ! parlez doucement.

M. DU SAPHIR.

Pourquoi donc ?

M. JULLEFORT.

De la discrétion , Monsieur du Saphir ! Je ne veux pas que l'on sache ici que j'ai manqué ce mariage .... mais connaissez-vous bien cette maison ?

M. DU SAPHIR.

Si je la connais ! c'est mon pere en personne qui a eu l'honneur de percer les oreilles à feue Madame Delomer le jour de ses fiançailles. Nous avons toujours eu depuis la pratique de la maison. Je connais cette maison-ci comme la mienne ; j'y suis très-bien accueilli. Demandez à M. Delomer ce que nous sommes.

M. JULLEFORT.

Et fi je vous demandais à vous ce qu'il eft. (*A voix baffe.*) Là, dites-moi en bon ami, n'eft-il jamais gêné; paie-t il bien ? cela va-t-il rondement ?

M. DU SAPHIR.

Oh ! oui ; jamais de crédit. J'ai beau lui dire, à votre aife, Monfieur ; toujours folde de compte auffitôt la marchandife livrée ; le papier qu'on me donne eft comme du comptant... Tenez, j'aurais tout mon bien chez cet homme là , que je dormirais auffi tranquillement que s'il était placé chez le Roi.

M. JULLEFORT.

Il eft donc , felon vous , bien aifé?

M. DU SAPHIR.

Il fait de très-belles affaires ; l'argent roule là-dedans, il faut voir : il n'y a rien de tel que ces négocians-là ; il leur arrive du bien des quatre parties du monde. Nous fommes fix bi ouriers qui lui fourniffons pour des envois , & nous pouvons à peine y fuffire.

M. JULLEFORT.

Ce font des boëtes d'or que vous venez de livrer, à ce que j'ai pu voir....

M. DU SAPHIR.

Oui, toutes boëtes pleines ; elles font deftinées pour Peterfbourg : on paie bien de ce côté-là....

J'ai apporté une petite bague pour Mademoiselle;
On m'en avait fourni le diamant, beau, clair, net;
je viens de mettre cette bague à son doigt, elle a
une fort jolie main, cette fille-là.

M. JULLEFORT.

Et sa tête, qu'en dites-vous?

M. DU SAPHIR.

Mais très-bien, en vérité .... très-bien....

M. JULLEFORT.

Rien de trop cependant; au reste, telle qu'elle
est, je crois que j'en deviens amoureux de plus en
plus, sur-tout lorsque vous me parlez de l'aisance
du pere, cela m'attendrit.... Il est donc, à coup sûr,
d'une fortune solide, ce Monsieur Delomer? .. Vous
n'avez aucun intérêt de me tromper, vous...

M. DU SAPHIR.

Moi! Monsieur, informez-vous plutôt à tout le
monde.... Il a des correspondances jusqu'au fond du
Nord.

M. JULLEFORT.

Il est vrai que son nom sonne bien dans le monde.... Allons, il faudra que je termine cette affaire ... il fait un commerce immense, sa fille est
son unique héritiere; c'est une fille adorable; il est
bien décidé que je l'aime.

M. DU SAPHIR.

Mais vous avez bien des sortes d'amour; comment diable faites-vous donc?

M. JULLEFORT.

Pas fi haut, vous dis-je... Vous êtes d'une im-
prudence !...

M. DU SAPHIR.

Mais perſonne n'eſt là ... (*Très-bas.*) Je croyais
que vous aviez rompu avec la veuve pour cette
vieille fille. Cela n'a donc pas encore réuſſi ? Ce
n'était pas cependant les eſpeces qui manquaient
de ce côté .... & pourquoi n'avez-vous pas ſuivi
votre pointe ?

M. JULLEFORT.

Quoi ! vous êtes à ſavoir que ſes parens l'ont fait
enfermer ſubtilement, ſous prétexte de démence ?
Elle n'avait pourtant que ſoixante-ſix ans : ils
m'ont joué là un tour perfide ; c'eſt une perte pour
moi irréparable. On ne ſait pas, Monſieur du Saphir, on ne ſait pas juſqu'où cela allait : je ne re-
culais pas cette fois à me marier, j'aurais bataillé
mais l'interdiction eſt venue comme un coup de
foudre. Il a fallu quitter la partie.

M. DU SAPHIR.

Vous avez du malheur, en vérité .... voilà dix
fois que je vous vois à la veille de contracter, &
avec d'aſſez bons partis ; point du tout, quand il
n'y a plus qu'à ſigner, voilà qu'il n'y a plus rien
de fait.

M. JULLEFORT.

Que voulez-vous auſſi ? je ne ſuis pas un imbé-

cile , moi ; un homme à me marier en dupe. En
vérité, il fau· l'avouer, fi l'on n'y prenait garde ,
un fot marché ferait bientôt conclu. L'un ; c'eft
fa fille qu'il veut marier adroitement ; elle eft bien
mife , bien brillante , on me la prône , on me la
fait toute d'or, je me montre amoureux, rempli
d'une exceffive tendreffe ; & quand nous en venons
au fait , ii n'y a plus d'argent. Paraiffent de vieux
contrats réduits à moitié que l'on veut me paffer
plus cher que fur la place même ; c'eft une dot paya-
ble en des termes éloignés , c'eft-à dire, une efpérance, & par conféquent un germe de procès contre
un beau-pere. C'eft un trouffeau eftimé ; ah ! à un
prix au deffus de ce que je le paierais chez le plus
dur Juif à dix ans de crédit ; auffi mon amour ex-
pire involontairement ; l'amour ne fe nourrit point
de brouillards ; il faut en ménage de la réalité.

M. DU SAPHIR.

Il eft vrai que la fortune d'une fille aujourd'hui
reffemble affez à fon caractere ; ce n'eft qu'une con-
jecture ; on eft amorcé par des promeffes dorées,
& l'on ne tarde pas à être attrapé. Les femmes n'en
font pas moins difpendieufes ; voyez feulement
dans notre état ; elles fe font mifes fur un ton , un
ton .... en vérité, il n'y a plus moyen d'y tenir ; il
faut voler , ou faire banqueroute.

M. JULLEFORT, *comme par souvenir,*
& souriant à demi.

Une fois .... il y a quelque tems de cela .... une
fois j'ai bien manqué d'être pris. J'étais sur le point
de signer, dans la certitude d'épouser une fille unique : elle était assez riche. La mere avait quarante-
quatre ans sonnés ; elle n'avait point eu d'enfans
depuis dix-sept années. Cela paraissait sans ombrage.
Heureusement pour moi que je songe à tout, & que,
la regardant un certain soir très-fixement , je la
soupçonnai tout-à-coup , ... devinez .... oh ! ce fut
une illumination soudaine, un véritable trait de
génie .... je fis naître prudemment un prétexte pour
différer, & bien me prit alors , car deux mois après
il n'y avait plus aucun doute. Un second enfant venait en tapinois m'enlever malignement la moitié
de mon bien. Tout autre que moi serait tombé
dans le piége. Avouez .... qui diable aurait pensé ?...
or jugez quelle énorme différence ! moitié moins
d'un seul coup !... aussi depuis ce temps-là , quand
on me parle d'une fille, c'est d'abord de la mere
que je m'informe. & si elle n'a pas cinquante-cinq
ans révolus ... je passe plus loin.

M. DU SAPHIR.

Pour ici vous n'avez rien à craindre de semblable ; la pauvre Madame Delomer est enterrée depuis douze ans .... j'ai assisté à son convoi....

M. JULLEEORT.

Fort bien ... & vous avez vu appofer les fcellés ?...
On n'a rien détourné?

M. DU SAPHIR.

Oh ! Monfieur Delomer eft d'une probité re-
connue.

M. JULLEFORT.

Sa fille eft bien fille unique.

M. DU SAPHIR.

Je vous en réponds, Monfieur, affurément.

M. JULLEFORT.

Bon .... c'eft que par fois il y a des freres qui dé-
barquent un beau matin, revenant de l'Améri-
que, ou bien des fœurs qui fortent du Couvent
comme des Ombres, & dont on ne parlait pas...
J'ai de l'expérience. Au refte, Monfieur Delomer
n'eft pas capable d'une telle perfidie.

M. DU SAPHIR.

Mais fur ces fortes de chofes-là, en bonne po-
lice, il devrait y avoir, dans chaque province, un
Bureau d'affurance.

M. JULLEFORT.

Ne croyez pas plaifanter ; vraiment ce ferait un
projet à donner, & plus utile que tant d'autres ...
mais dites moi un peu, vous qui l'approchez depuis
long-temps, vous lui avez toujours connu une conduite rangée, réguliere ? vous ne lui foupçonnez

pas quelque inclination en ville , où quelque vieille habitude ?....

M. DU SAPHIR.

Que voulez-vous dire ?

M. JULLEFORT.

Je veux dire si je n'aurais pas à appréhender qu'il vint follement à se remarier , comme font certains vieux qui en prennent envie , quand ils voyent leurs enfans .... vous entendez ?

M. DU SAPHIR.

Non , non ; ne craignez rien. Il ne se remariera jamais ; il aime trop sa fille pour cela. Je suis sûr qu'il voudrait avoir quatre fois plus de bien , pour le seul plaisir de lui tout laisser.

M. JULLEFORT, *avec une exclamation joyeuse.*

Vous avez raison ; c'est une aimable fille , une fille charmante .... vous m'enchantez.... Ah ! çà , vous ne sçavez point que je l'aime à la folie.... Je le vois , c'est elle qui doit être ma femme .... point de mere , point de frere.... Allons , allons , Monsieur du Saphir , apprêtez-vous ; vos girandolles partiront cette fois.

M. DU SAPHIR.

Puis-je compter ?...

M. JULLEFORT.

Vous ne risquez rien , vous dis-je , de préparer les présens des accords. Dès tout-à-l'heure , je presse le pere de conclurre.

M. DU SAPHIR.

Mais, sans trop de curiosité, êtes-vous bien dans la maison ?

M. JULLEFORT.

Très-bien. J'ai été présenté par une personne qui a un rang, & je me suis fait recommander par gens qui ont beaucoup de fortune ; ainsi....

M. DU SAPHIR.

A merveille !... mais pensez-vous que la Demoiselle vous voye d'un regard favorable ?

M. JULLEFORT.

Oh ! oui .... oui ; quand il s'agit du Sacrement, une fille aime toujours assez. Nous aurons tout le tems de nous connaître pour nous aimer ensuite ; ce n'est pas là mon inquiétude. Le pere est fou de moi, ses affaires vont rondement, tout cela ira le mieux du monde, & je sais déjà où placer. (*Vivement.*) Apportez moi dans une heure les diamans & les bijoux ; je signe dès aujourd'hui....

M. DU SAPHIR.

Je me recommande toujours à vous & à vos amis. J'entends, je crois, Monsieur Delomer ; votre très-humble serviteur.

M. JULLEFORT.

Qu'il ne vous voye pas.

M. DU SAPHIR.

Je me sauve.

SCENE II.

M. JULLEFORT, *seul.*

ON m'avait bien informé de tout ce qu'il m'a
dit là ; mais il eſt toujours bon de queſtionner ;
le plus petit fait ſouvent les choſes qu'on croit le
mieux cachées, & ce ne ſont pas toujours les gens
de la maiſon qui en connaiſſent le véritable inté-
rieur. Le témoignage de ce Bijoutier m'a fait plaiſir. Il eſt fort agréable d'entendre prôner le bien
qui doit nous être propre... qu'un contrat eſt une
choſe bien imaginée ! D'un trait de plume, là, ſans
rien débourſer, on acquiert des maiſons, des effets
royaux, de l'argent, des meubles... il eſt vrai
qu'on a une femme ; mais on vit avec elle à ſon
aiſe, on régle ſa dépenſe ; on eſt maître, après
tout, de la Communauté... nos ayeux n'étaient
pas des ſots... C'eſt un parti tel qu'il me convient...
Quand le pere ne me donnerait que deux-cent
mille francs comptant, puiſque le reſte eſt ſûr, il
n'eſt pas jeune, nous patienterons... il y a des
jours cependant qu'il paraît encore bien verd !...

SCENE III.

M. DELOMER, M. JULLEFORT.

M. DELOMER, *paraît dans le fond de la Scène, avec un porteur qui a une sacoche vuide sur l'épaule ; il lui distribue avec réflexion différens papiers.*

TENEZ, vous ferez votre tournée dans le quartier Saint-Honoré.

    (*Le porteur va pour s'en aller ; Monsieur Delomer s'avance, puis rappelle le porteur.*)

Bonaventure, écoutez, donc ; vous passerez a-paravant au Bureau. Monsieur Dominique aura peut-être quelqu'autre chose à vous donner. (*Le porteur s'en va.*) (*Il apperçoit Monsieur Jullefort.*) Ah, ah ! c'est vous ? comment avez-vous passé la nuit ?

M. JULLEFORT.

Le mieux du monde, & vous ?

M. DELOMER.

Moi, j'ai eu le sommeil agité... hier au soir, en vous quittant, je m'enfermai dans mon cabinet, & quand une fois je travaille tard comme cela, le reste de la nuit s'en ressent ; je la passe toute blanche, à bâtir, comme l'on dit, des châteaux en Espagne.

M. JULLEFORT.

De pareilles nuits valent souvent les plus agréables journées, n'est-il pas vrai? Sur-tout quand, ne pouvant dormir, on forme tout à son aise, dans le silence & la tranquillité des nuits, une spéculation bien conçue, bien nette, & qu'à quelque tems de-là, elle réussit à plaisir... on ne regrette plus la nuit blanche...

M. DELOMER.

Je n'ai pas eu à me plaindre de la fortune; jusqu'à présent elle m'a assez favorablement traité; &, je vous l'avouerai, après de certaines rentrées que j'attends, & qui ne tarderont guères, ma fille une fois établie, c'en est fait, je me repose.

M. JULLEFORT.

Oh ! vous vous reposerez, il est juste ; mais tout en faisant valoir vos fonds, n'est-il pas vrai? Oui. Cela amuse, cela distrait, cela réjouit. C'est une occupation. Au reste, il ne tiendra qu'à vous que votre fille ne soit bientôt établie, vous connoissez mes intentions... mon seul desir est de l'obtenir le plutôt que je pourrai.

M. DELOMER.

Je le sais, & l'on m'a parlé encore hier de vous en termes pressans, vous avez des amis qui ont beaucoup de chaleur : aussi c'est, en partie, ce à quoi j'ai rêvé cette nuit : ma fille doit s'attendre à vous recevoir pour époux, depuis que je vous ai

ouvert ma maiſon avec une diſtinction auſſi mar-
quée .... d'ailleurs, la manière dont nous avons
parlé en ſa préſence ....

M. JULLEFORT.

Il ne s'agit plus, je crois, que de fixer le jour
qui doit aſſurer mon bonheur.

M. DELOMER.

Nous allons prendre l'heure pour le contrat ;
votre Notaire m'a fait part d'une petite formule
que vous avez miſe à la ſuite de l'état de vos
biens.

M. JULLEFORT, *d'un ton hypocrite.*

Mais je ne le lui avais pas dit.

M. DELOMER.

Dit ou non dit, je ne m'offenſe point de cela :
il eſt juſte que chacun faſſe ſes conditions ... une
fille, avec des attraits, a toujours des adorateurs ;
mais ce n'eſt qu'avec une dot qu'elle devient femme.

M. JULLEFORT.

Oh ! je ne prétends point faire de loi, mais ob-
ſerver ſeulement une certaine forme pour ſe pré-
munir contre la chicane. La chicane ! vous ſavez,
on ne ſaurait trop conſolider un contrat : c'eſt non-
ſeulement pour toute la vie, mais encore pour
les enfants, les petits-enfants & les arrière-petits-
enfants. Vous ſavez qu'il faudra que je tienne maiſon ; & que, pour qu'elle ſoit exempte de ces gênes
diſgracieuſes, qui troublent tout le plaiſir d'être
enſemble. ...

M. DELOMER.

Auſſi je vous le répete, rien ne m'a offenſé dans vos articles : je n'en ai qu'un de mon côté à oppoſer aux vôtres ; mais auſſi j'y tiens invinciblement, ce n'eſt que ſous cette condition que j'accorderai ma fille, & je crois étre ſûr d'avance que vous y ſouſcrirez...

M. JULLEFORT, *inquiet.*

Vous êtes ſûr!.. vous me connoiſſez-bien...; mais eſt-ce de grande conſéquence?

M. DELOMER.

De la plus grande ; auſſi je n'ai que cette condition-là : j'exige de vous, que vous me donniez votre parole d'honneur, que vous la remplirez dans toute ſon étendue.

M. JULLEFORT, *à part.*

Il me fait trembler. Serait-ce de rendre la dot en cas de décès. C'eſt toujours là la pierre d'achoppement. (*D'une voix un peu altérée.*) Quelle eſt-elle enfin cette condition ?

M. DELOMER.

C'eſt de la rendre toùte ſa vie heureuſe, bien heureuſe, la plus heureuſe des épouſes, entendez-vous ?

M. JULLEFORT.

Ce n'eſt que cela! (*à part.*) je reſpire (*Haut.*) Ah! comptez ſur moi, en douteriez-vous ?

M. DELOMER.

On ne connait jamais un amant qu'après le mariage. L'homme qui aspire à la main d'une fille se
contrefait toujours, & chacun prend un masque qu'il
ne tarde gueres à déposer. Je ne vous mets point
de cette classe, c'est une simple réflexion. On m'a
dit tant de bien de vous, & vous prévenez vous-
même si fort en votre faveur, que je me suis décidé. Je veux voir ma fille pourvue, elle est d'âge,
elle n'a point de mere. Je ne suis pas une société
pour elle. Il lui en faut une : vous dites l'aimer,
& je le crois, puisque vous la demandez avec tant
d'empressement... tout est dit. Je m'attends qu'elle
va s'effrayer un peu de cette union. Le change-
ment d'état coûte toujours aux jeunes filles. C'est
à vous de captiver son cœur : il est neuf & sen-
sible, vous le conformerez à votre guise. Il n'y a
que deux ans qu'elle est sortie du Couvent, & je
n'ai point reçu les assiduités d'un autre que vous.

M. JULLEFORT.

Je me flatte aussi que vous n'auriez trouvé personne ami plus vrai, amant plus sincère...

M. DELOMER.

Tout en possédant ma fille, ses charmes ne vous
empêcheront pas d'arrêter vos yeux sur ce que je
lui donnerai.

M. JULLEFORT.

M. JULLEFORT.

Ah ! Monſieur de quoi me parlez-vous ? Tout ceci ſe verra dans l'étude du Notaire.

M. DELOMER.

Tenez, ce *tout ceci* eſt de ſtyle. Parlons à cœur ouvert. On a beau faire des mines ; le cœur ſaute de joie, quand la richeſſe accompagne la beauté. Ce n'eſt pas que je veuille dire que vous recherchez ma fille uniquement pour ſon bien : au contraire, je crois que vous l'aimez aſſez pour l'épouſer, quand je n'aurais aujourd'hui que peu de choſe à lui donner.

M. JULLEFORT, *à part, & tout intrigué.*

Où cela va-t-il me mener encore ? Oh ! je ſuis ſur les épines. (*Haut.*) Vous dites bien vrai, & ſi ce n'étoient les beſoins multipliés, les folies du jour, je ne ſais quel luxe tyrannique, un état à remplir... mais c'eſt autant pour elle que pour moi.

M. DELOMER.

N'ayez aucune inquiétude ſur ce chapitre, je n'ai qu'elle, & je veux lui procurer une aiſance honorable, je n'y regarderai pas de ſi près . & vous ſerez content. Tenez, je vais vous dire ce que je veux faire, c'eſt tout ce que je peux d'abord...

M. JULLEFORT, *attentif & diſſimulé.*

Il faut bien vous écouter, puiſque vous le voulez.

B

M. DELOMER.

Mais si vous n'entendiez pas ces sortes d'affaires, nous en causerions tantôt chez notre Avocat, il est impartial.

M. JULLEFORT.

Puisque nous y sommes, c'est à moi à vous entendre... il est vrai que je suis peu habile à entrer dans de pareils détails, j'ignore absolument les clauses & les formes de tels arrangements...

M. DELOMER.

En ce cas, remettons-nous-en, si vous l'aimez mieux, à mon Notaire : il stipulera tout cela avec le vôtre. Le tableau sera plus net, & vous verrez d'un coup-d'œil.

M. JULLEFORT.

J'aimerois toujours mieux entendre de votre bouche le témoignage de vos bienfaits paternels... votre ame noble, grande, généreuse...

M. DELOMER.

On n'est point généreux envers ses enfans, on n'est qu'équitable : mon intention a toujours été d'assurer le bien-être de ma fille & celui de mon gendre. D'abord je vous donne ce qu'il y a de plus solide au monde, de l'argent comptant. Rien de plus commode : avec cela, on fait tout ce que l'on veut, on le prête, on le place, on attend l'occasion. On achette une terre, une charge : que

fais-je ? on applanit toutes les difficultés, on dou-
ble quelquefois ses revenus.

M. JULLEFORT, *avec emphase.*

Oh ! oui, sans contredit. ...très-bien vu.

M. DELOMER.

Vous consulterez ensemble ce qui vous rira le
plus, je vous laisse les maîtres : c'est ma maxime,
à moi, qu'on ne réussit jamais bien, que dans ce
qu'on exécute librement, & à la propre fantaisie.

M. JULLEFORT.

Vous parlez toujours d'une maniere si sensée, si
judicieuse que je ne me lasse point de l'admirer ;
certes je me ferai gloire en tout de demander &
suivre vos avis.

M. DELOMER.

Point du tout, vous dis-je : vous ferez à votre
tête, je vous ferai porter la veille la somme, le
reste est absolument votre affaire ; je ne m'en mele
plus .... vous serez maître de disposer ...

SCENE IV.

M. JULLEFORT , M. DELOMER; DOMINIQUE.

(Dominique pere arrive dans le moment & coupe la parole à M. Delomer.)

DOMINIQUE pere, *saluant.*

MONSIEUR....

M. JULLEFORT, *à part.*

Au diable soit de l'homme ! j'allais savoir...

DOMINIQUE pere, *en habit de gros drap, avec un grand chapeau & de grandes manchettes.*

Monsieur permettra-t il à Dominique son ancien serviteur de lui présenter à cette heure ses devoirs ?

M. DELOMER.

Bon jour, pere Dominique, bon jour... toujours le teint frais !

M. JULLEFORT, *à part.*

Peste soit de l'importun ! nous en étions au point capital.

DOMINIQUE pere.

Je vous importune peut-être, Monsieur; je me retire.

M. DELOMER.

Point, nous avons fait : vous êtes une connaissance ancienne , un digne homme que je vois & verrai toujours avec le plus grand plaisir... nous acheverons tantôt, mon cher Jullefort : aussi n'ai-je pas tout dit ; je me souviens de quelque chose, qu'il faut discuter en tierce personne. Passez là-dedans ; en lui donnant le bon jour , vous causerez: elle est avec une voisine de nos amies.

M. JULLEFORT, *froidement.*

Vous me le permettez.

M. DELOMER.

Si je le permets ! Mais voyez donc ! Cela va sans dire.

SCENE V.

M. DELOMER , DOMINIQUE *pere.*

M. DELOMER.

Eh bien , pere Dominique , qu'y a-t-il ? je suis charmé de vous voir si bien portant : que m'apportez vous là de bon ?..

DOMINIQUE *pere.*

Je vous apporte, comme de coutume , le petit mémoire de l'année ; je me suis mis ce matin à faire ma ronde.

M. DELOMER.

Mais s'il me prenait fantaisie de ne pas vous donner de l'argent?

DOMINIQUE pere.

Vous feriez comme bien d'autres; car on ne paye plus.

M. DELOMER.

Comment ! Vous auriez beaucoup de débiteurs, vous ?

DOMINIQUE pere.

Ma foi, il n'y a plus guères que cinq ou six de mes pratiques & des plus anciennes qui me donnent là, fans faire la mine, de l'argent, quand je leur en demande : les autres, petits ou grands, prennent des remifes ; & j'ai là une lifte, voyez vous ! où il y a bien des verreux.

M. DELOMER, hauffant les épaules.

Mais, comment peut-on demander crédit à un Vinaigrier ? cela me révolte. (*Il le paie.*)

DOMINIQUE pere.

Vraiment, vraiment ! celà vous étonne, eh ! eh ! Si je voulais leur en prêter, plufieurs & des plus hupés m'embrafferaient & m'appelleraient encore leur cher ami.

M. DELOMER.

N'ayez point de tels amis... je vous fouhaiterais un tout autre état, mon cher Dominique; vous êtes un fi brave homme !

DOMINIQUE *pere.*

Un autre état!... Et pourquoi? Il y a quarante-cinq ans que j'ai pris ce gagne-pain, je ne m'en repens pas : autant vaut celui-là qu'un autre. Pourvû que je vive en honnête-homme, qu'importe, après tout, ma façon de vivre? tout en pouffant ma brouette, j'ai rencontré des gens qui n'étaient pas si contens que moi. Que font quatre roues quand une suffit à me faire rouler ma vie. Mon pere était un pauvre Vigneron, qui avait travaillé toute sa vie pour ne boire que de la piquette. Moi j'ai mieux trouvé mon compte à vendre du vinaigre. Je me suis ingéré d'en composer de plus d'une sorte, ainsi que des moutardes de santé; &, grace à Dieu, ce n'est pas pour me vanter, mais elles ont eu une certaine vogue.

M. DELOMER.

Je vous estime singulierement, & sur-tout en considérant l'éducation que vous avez donnée à votre fils... ce jeune homme-là promet beaucoup.

DOMINIQUE *pere.*

Je venais aussi pour en causer un peu avec vous... Vous en êtes donc vraiment content?..

M. DELOMER.

Oui, en vérité, très-content: je lui abandonne beaucoup d'affaires à conduire, il s'en acquitte très-bien, avec célérité & prudence : votre fils a des talens; & chacun est enchanté de ses procédés.

DOMINIQUE *pere, avec la plus grande joie.*

Ce que vous me dites-là, me met du bon fang dans les veines, & me fera vivre trente ans de plus; c'eft le feul enfant que j'aye eu, c'eft lui qui eft aujourd'hui toute ma joie & toute ma confolation fur la terre. Je n'ai goûté d'autre plaifir depuis que je fuis au monde, que l'idée attendriffante de le voir fe tourner à bien, & devenir un honnête-homme: il l'eft; je fuis heureux, je ne me fuis marié que pour former un bon citoyen. J'ai donné, felon mon pouvoir, tous mes foins à fon éducation, me retranchant fur le néceffaire pour qu'il ne manquât de rien. Donner la vie eft bien peu de chofe, fi l'on n'y joint l'affurance d'un certain bien-être. C'eft un devoir doux à remplir & qui porte fa récompenfe avec foi. Je l'aurais bien mis de mon métier: mais les enfans ne réuffiffent jamais comme leur pere, ils gâtent leur état; & puis ils veulent toujours être quelque chofe de plus.

M. DELOMER.

Cela eft dans l'efprit de l'homme qui tend toujours à s'élever.

DOMINIQUE *pere.*

Ils n'en font pas pour cela plus heureux, mais qu'importe: ils croient l'être: il faut que chacun fuive fes idées, que chacun foit libre, voilà mes principes, à moi.... vous penfez donc qu'il fera fon chemin?

M. DELOMER.

J'en étais presque sûr dès le moment que vous
me l'avez préfenté. La probité donne à la physio-
nomie une certaine ouverture qui plait au premier coup-d'œil ; & cette phisionomie eft hérédi-
taire dans votre famille. Il avait alors un air tout
anglomane avec fon habit bleu & fes cheveux
courts. Je n'ai pas été médiocrement furpris, je
vous l'avoue, de vous voir un fils auffi verfé dans
l'ufage du monde.

DOMINIQUE *pere.*

Voici la troifieme année qui court, depuis que
je l'ai fait revenir de chez l'étranger, où je l'ai fait
voyager de bonne-heure, n'ai-je pas pris là le
meilleur parti ? J'avais un parent, Préfet de Collége,
qu'on difait favant, & à qui je ne trouvais pas
moi le fens commun, il me difait toujours d'un
ton rogue ; fans le latin votre fils ne parviendra
jamais à rien... Tudieu ! Mon coufin, lui répon-
dis-je, vous avez beau dire, on ne parle plus latin
dans aucune maifon du Royaume. Si mon fils avait
befoin d'une autre langue que la fienne, c'eft en An-
glois, c'eft en Allemand qu'il lui ferait utile & agréable de favoir s'expliquer; il trouverait des gens pour
lui répondre... & je vous l'envoyai fur le champ dans
ces pays-là dès l'age de douze ans. Il demeura chez de
braves gens qui le formerent au Commerce & qui
de plus tirent beaucoup de mon vinaigre.

M. Delomer.

Vous avez bien fait, les voyages forment tout
autrement que les Colléges. On ne fait que faire
trop souvent de ces beaux latinistes : ils ne possé-
dent que des choses inutiles, croient tout savoir,
font tout & ne font rien : votre fils m'aide beaucoup ; il vous a plus vîte traduit une lettre Alle-
mande ou Anglaise ; & je lui laisse souvent faire la
réponse, elle n'en est que mieux. Je vous proteste
qu'il m'est très-utile & qu'aujourd'hui presque toute
ma correspondance roule sur lui.

Dominique pere, un peu interdit.

Toute votre correspondance ! ... Diable ! cela
m'embarasse.

M. Delomer.

Pourquoi donc ? Vous ne répondez pas ... parlez, vous hésitez.

Dominique pere, vivement.

C'est que je n'ôse plus vous dire à présent que
je voulais qu'il s'en allât de Paris.

M. Delomer.

Qu'il s'en allât ! Et ou irait-il, s'il vous plait ?

Dominique pere.

Tenez, je ne sais : mais ce garçon-là, depuis que
je l'ai fait revenir de chez l'étranger, est changé
confidérablement ; il n'est point cependant malade :
mais qu'a-t-il donc ? Quand il est arrivé (vous le
savez comme moi) il avoit une mine rayonnante

& qui faifait plaifir à voir, de l'embonpoint, des yeux vifs, des couleurs vermeilles.... à préfent (prenez y garde) vous verrez fes joues un peu applaties & palotes, fes yeux plus enfoncés & moins riants : nous avons dîné l'autre jour enfemble; ça ne mange plus.

M. DELOMER.

Il me fâcherait beaucoup de le perdre ; & certes je regretterais autant fa perfonne que fes talens .... mais le voilà : fouffrez que je l'interroge un peu à ce fujet.... il fera peut-être moins difcret avec moi.

DOMINIQUE pere.

Oui, intérrogez-le....à deux nous verrons ce qu'il a dans l'ame.

SCENE VI.

M. DELOMER, DOMINIQUE pere, DOMINIQUE fils.

DOMINIQUE fils, entrant & courant à son pere.

MON pere... Ah ! je ne favais pas que vous étiez ici... que je vous embraffe !

DOMINIQUE pere.

Bon jour, mon fils... j'allais paffer à ton cabinet.

M. DELOMER.

Ecoutez, Dominique.... il ne faut rien me dé-guifer... votre pere s'imagine que le féjour de Paris ne vous eft point agréable. Il croit deviner en vous une fecrette envie de retourner aux lieux que vous avez habités fi long-tems; je crois bien que vous n'êtes pas mécontent de ma maifon: mais, comme on n'eft pas maître de fes inclina-tions, fi elles vous éloignaient d'ici, quelque fût mon regret, vous êtes libre.

DOMINIQUE fils.

Ah ! Monfieur, qui peut me prêter des fentimens qui font auffi loin de ma penfée ? on a mal lu dans mon cœur : moi m'éloigner de vous, moi vous

quitter. Ah , mon pere ! ah , Monſieur ! gardez-vous
de l'imaginer. Croyez que c'eſt dans toute autre
ville que je vivrais malheureux.

DOMINIQUE *pere.*

Parbleu ! je ſuis charmé de m'être trompé. Cet
aveu eſt trop chaudement prononcé pour ne pas
partir du cœur : puiſqu'il eſt ainſi , nous ferons
tous trois contens. (*A M. Delomer.*) Vous le voyez
Monſieur, il n'eſt pas un ingrat , il vous paye du
même attachement que vous avez pour lui.

M. DELOMER.

J'en reſſens une ſatisfaction extrême. (*A Dominique fils.*) Oui , Dominique, j'aurais été fâché de
vous voir abandonner ma maiſon ; vous méritez
que je vous en faſſe l'aveu, je vois que vous ob-
tiendrez de plus en plus ma confiance & à juſte
titre. J'ai de vous enfin la plus favorable idée , &
je l'ai dit à votre pere.

DOMINIQUE *fils.*

Monſieur, je borne mon ambition à vous ſatis-
faire .... Le témoignage que vous voulez bien en
rendre à mon pere, eſt pour moi la plus précieuſe
des récompenſes.

DOMINIQUE *pere , frappant ſur l'épaule de ſon fils.*

Mon ami , le prix d'une bonne conduite eſt d'ê-
tre eſtimé de tout le monde.

M. DELOMER.

Il m'aurait caufé un grand chagrin en me quittant : je vous protefte que cela aurait altéré le plaifir que je vais goûter, en établiffant ma fille.

DOMINIQUE *pere.*

Ah ! vous mariez Mademoifelle ? Bon, bon : bien fait .... bien fait.
(*Dominique fils paroit tout-à-coup furpris & agité.*)

M. DELOMER.

Oui, je la marie : vous pouvez tous deux en faire part à qui bon vous femblera ; je vous le déclare, c'eft une affaire décidée, je l'accorde à Monfieur Jullefort : c'eft un parti fortable.

DOMINIQUE *pere.*

L'aimable enfant ! Je l'ai vu haute comme cela ; & toute petite elle me faifait toujours trois ou quatre jolies révérences quand j'entrais, quoique j'euffe mon bonnet de laine au moins !

M. DELOMER, *à Dominique fils.*

Dominique, j'attendrai de votre amitié un grand nombre de petits fervices : car on ne finit pas avec tous ces arrangemens de noces. Je n'ai jamais marié de fille, cela va faire de l'embarras, il faudra veiller à bien des chofes ; je veux que vous repréfentiez comme un parent & que vous en faffiez l'office.

DOMINIQUE *pere.*

Mon fils, voilà ce qui s'appelle des marques d'une
estime distinguée.

DOMINIQUE *fils.*

Je ne crois pas pouvoir en profiter, mon pere...
vous disiez vrai tout-à-l'heure, vous aviez raison...
vous voyez bien mieux que moi... votre expérience... j'ai réfléchi... il faut que je quitte Paris..
tout le veut (à *M. Delomer.*) Monsieur, c'est à
regret, mais je ne puis rester ; je le sens à présent,
je ne puis rester.

M. DELOMER.

Après ce que vous venez de nous dire, Dominique, je ne vous conçois pas.

DOMINIQUE *pere.*

Quel raisonnement creux as-tu donc fait à part
toi dans ta cervelle, est-ce que tu extravagues ?
Tu ne voulais pas partir, il y a un moment, &
puis tu veux partir.

M. DELOMER.

Comment concilier deux façons de penser aussi
différentes ?

DOMINIQUE *fils, avec une certaine véhémence.*

Je partirai, je le dois, il le faut, j'ai mes raisons. Mes raisons sont bien légitimes... il m'en

coûtera de vous quitter, Monſieur : mais cela importe, cela importe à mon repos, à mon bonheur.

(*Il s'éloigne dans un coin du Théâtre & paroît
accable.*)

DOMINIQUE *pere, inquiet ſur l'état de ſon
fils.*

Que me direz-vous de cela ; Monſieur Delomer?
je n'y entends rien moi … il veut … il ne veut
pas … ſa tête ! … Je ne le reconnais plus …

M. DELOMER.

Tout ce que je vois, c'eſt qu'il a quelque chagrin ſecret que je ne puis deviner, il l'épanchera
plus librement dans votre ſein. Vous êtes un bon
pere, ſon bonheur vous eſt cher, il m'eſt cher auſſi.
S'il compte, après tout, le trouver dans un autre
pays, il faudra bien y conſentir : il m'en coûtera ;
mais ſon bonheur avant tout …. je vous laiſſe
enſemble.

SCENE VII.

DOMINIQUE *pere*, DOMINIQUE *fils*.

DOMINIQUE *pere*.

HÉ bien, Dominique, qu'y a-t-il?... Vous vous éloignez de moi, & vous pleurez fans me rien dire.

DOMINIQUE *fils, en s'effuyant les yeux*.

Oh ! pour cela non, mon pere.

DOMINIQUE *pere, le contrefaifant*.

Oh ! pour cela non, mon pere !... Tu n'as point de chagrin non plus !... tu n'as rien à me confier !... tu ne pleures pas en liberté avec moi !

DOMINIQUE *fils*.

Mon pere ! de grace, n'exigez aucun aveu .... fouffrez feulement que j'abandonne dès aujourd'hui cette maifon : plus j'en ferai loin, & moins je fouffrirai peut-être.

DOMINIQUE *pere, avec tendreffe*.

Et c'eft à moi que tu dis de ne te rien demander ; à moi que tu déguifes quelque chofe !... as-tu oublié comme nous fommes enfemble ; as-tu un autre confident, un autre ami plus ancien, plus tendre, plus indulgent ? dis-le moi, & je lui cede la place .... Mon fils, mon ami, parle, parle .... va, je fuis peut être le feul encore qui puiffe changer ta deftinée.

C

DOMINIQUE *fils*, *vivement*,

Je n'oferai jamais .... mais d'où vient que je n'oferai pas ... fuis-je donc criminel ?... non, non ; ah ! mon pere, mon pere ! pourquoi n'êtes-vous pas dans un état plus relevé.... Avec tant de vertus, vous méritiez d'être tout autre que ce que vous êtes.

DOMINIQUE *pere.*

En voici bien d'une autre !.. & qu'eft-ce que cela te fait, fi je fuis content, heureux, fatisfait ?.. mais parle-moi avec franchife ; rougirais-tu dans le monde d'avoir un pere Vinaigrier? Aurais-tu conçu ce pitoyable orgueil ? C'eft une maladie commune à beaucoup d'enfants que leur peré a faits un peu plus qu'eux, & nous raifonnerions enfemble pour tâcher de la guérir ; car l'homme eft fi fujet à fe laiffer prendre à des fantômes !. . Va, j'ai prévu dès ton enfance que cette idée-là pourrait te faifir un jour ; j'y ai pourvu, & je n'en ai point pris d'alarmes.

DOMINIQUE *fils.*

Mon pere ! je vous refpecte, je vous chéris, je n'ai jamais rougi un feul inftant de vous avouer aux yeux de tout le monde. Il me ferait permis de choifir, que je ne choifirais pas un autre pere que vous, je vous préfererais au plus riche, au plus illuftre Citoyen de cette ville ; mais le préjugé fait que tout le monde ne penfe pas comme moi, & je fuis malheureux, peut-être à jamais, par cette feule caufe.

DOMINIQUE *pere.*

Ah çà! me parleras-tu clairement.... Voyons;
est-ce de l'argent qui te manque? (*Fouillant dans sa
poche.*) J'ai là quelque chose en réserve ... prends,
prends....

DOMINIQUE *fils, l'arrêtant.*

Depuis longtems vous savez que mes appointe-
mens me suffisent; vous avez assez fait pour moi,
& plus .... je voudrais même .... que dis-je? j'espere
bien avant peu, si je prospere....

DOMINIQUE *pere.*

Je connais tes sentimens, tu n'as pas besoin de
les exprimer .... ton cœur, mon fils, est-il autre que
le mien?

DOMINIQUE *fils, lui baisant les mains.*

Mon bonheur sera de vous chérir; il faut qu'il
me tienne lieu de tout autre. Eh bien! je me con-
solerai avec lui .... vous venez de l'entendre: Monsieur Delomer donne sa fille à Monsieur Jullefort;
cet homme, parce qu'il est riche, va obtenir sa
main.

DOMINIQUE *pere.*

Serais-tu jaloux de cet homme?

DOMINIQUE *fils.*

Oh! oui, très-jaloux, non de ses richesses, mais
de son bonheur.

DOMINIQUE *pere.*

Eſt-ce elle que tu deſires , ou un établiſſement ?.. prends garde de t'y tromper.

DOMINIQUE *fils.*

Que n'eſt-elle auſſi pauvre que je le ſuis , j'uni-rais mon ſort au ſien.... Vous m'avez toujours dit que , pour être heureux , il ne fallait s'attacher qu'à la perſonne ſeule.

DOMINIQUE *pere.*

Mais pour s'attacher à une perſonne , il faut en être aimé , & ſans doute que celui qu'elle conſent à épouſer lui plaît plus que toi : ainſi mon pauvre ami , il n'y a rien à faire à cela.

DOMINIQUE *fils.*

Ah ! ſi elle ſe donnait à celui qu'elle ſait l'aimer le plus , je ſuis bien ſûr que perſonne ne l'emporte-rait ſur moi.

DOMINIQUE *pere.*

C'eſt à-dire que , ſi on recevait tes vœux , tu n'héſiterais pas à la prendre pour femme ?

DOMINIQUE *fils.*

Hélas ! que ce bonheur eſt loin de moi .... c'en eſt fait ; non , je n'en aimerai jamais une autre , & cependant elle ne m'appartiendra pas.

DOMINIQUE *pere.*, *après un moment de réflexion.*

Que ſait-on ?... mais , dis-moi ; comment cet amour a-t il pris naiſſance dans ton cœur ?

DOMINIQUE *fils.*

Mon pere ! je l'ai vu dans les premiers tems fans
en être frappé ; nous avons converfé , nous avons
lu , chanté , joué enfemble. , & je n'en étais pas
encore touché ; au contraire, j'en admirais d'autres
qui me femblaient bien plus belles : mais dans la
fuite , j'ai ceffé de les trouver fi aimables , & plus
je converfais avec Mademoifelle D.lomer , plus je
me fuis fenti enchanté. Si vous faviez comme elle
penfe , comme elle s'exprime , quelle nobleffe de
fentiment , quelle fenfibilité inépuifable pour les
malheureux , quelle honnêteté touchante regne dans
toutes fes actions , & le tout fans gêne , fans effort,
fans prétention ; elle a les graces de la modeftie, &
la gaieté de l'innocence ; fa joie eft pure & naïve
comme fon cœur .... j'ai remarqué que jamais elle
ne dit de mal de perfonne , & je l'ai toujours vue
reprendre fes amies à la moindre médifance....

DOMINIQUE *pere.*

Joli caractere de femme !

DOMINIQUE *fils.*

Ah ! fi vous faviez fur-tout comme elle aime fon
pere !

DOMINIQUE *pere.*

Mais peux-tu me dire fi elle fe marie par obéif-
fance ou par inclination.

C 3

DOMINIQUE *fils.*

Par inclination ! oh ! non.... Monſieur Jullefort
eſt un fort galant-homme , mais....

DOMINIQUE *pere.*

Te préfererait-elle à lui , ſi tu étais auſſi riche
que ce Monſieur Jullefort ; dis-moi ?

DOMINIQUE *fils , avec paſſion.*

J'ôſe le penſer .... je me flatte trop , peut-être ;
mais c'eſt la feule confolation qui me ſoit permiſe ;
je ne la perdrai point , tout infortuné que je ſuis ....
mais il va l'époufer ; fille foumiſe,elle n'oſera défap-
prouver le choix d'un pere .... elle obéira , elle va
être malheureuſe pour toujours , & moi auſſi.

DOMINIQUE *pere ; avec réflexion.*

Dominique , écoutez.

DOMINIQUE *fils.*

Mon pere !

DOMINIQUE *pere , lui prenant la main.*

Prends courage , mon ami .... eſpere....

DOMINIQUE *fils.*

Que dites-vous ?... Moi, eſperer !

DOMINIQUE *pere.*

Mais , puiſque ce mariage n'eſt pas conclu , il
eſt encore tems .... je parle à ſon pere aujourd'hui ,
& je la demande pour toi....

DOMINIQUE *fils , avec frayeur.*

Y penſez-vous ?... gardez-vous de m'expoſer à

un refus : il prendrait pour un affront .... il recevrait avec un dedain outrageant .... j'en mourrais de douleur ... fur quoi pouvez-vous efperer ? fortune , rang , préjugés , tout nous fépare. Dans ce fiècle de cupidité , qu'importe que l'amour uniffe deux cœurs ?

DOMINIQUE pere.

Refte ici , te dis-je.... Va, mon ami ; la journée ne fe paffera pas que je ne revienne te retrouver ici , & peut-être avec de bonnes nouvelles.

DOMINIQUE fils.

Je me repens de vous avoir parlé .... laiffez-moi plutôt fuir loin d'elle ; que fert de m'amufer d'un inutile efpoir ? Je ne fouffre déjà que trop , fans m'expofer en bute aux traits du mépris ; le riche eft fuperbe .... il eft au-deffus de votre pouvoir de me procurer un bonheur que le fort éloigne de moi.

DOMINIQUE pere.

Tais-toi , & laiffe-moi agir.... Tu as beau faire l'étonné ; je veux que tu reftes dans cette maifon , & que tu n'en fortes point.

DOMINIQUE fils.

Ah , mon pere ! ceci devient au-deffus de mes forces.

C 4

DOMINIQUE *pere.*

Ah çà ' il eſt de ton devoir de m'écouter , & de m'obéir , quand je parle .. entends-tu ?...

(*Il s'en va à pas lents ; le fils le ſuit de loin , la tête baiſſée. Le pere revient ſur ſes pas , & prenant la main de ſon fils , il lui dit d'un ton attendri & ferme :*)

Tu l'auras , Dominique , tu l'auras.

(*Le pere ſort.*)

DOMINIQUE *fils , ſeul.*

Ce bon pere ! comme il ſe livre aux illuſions que lui inſpire la tendreſſe !... Ah ! je n'ai pas même l'eſ-poir qui accompagne quelquefois l'infortune.

Fin du premier Acte.

ACTE II.

SCENE PREMIERE.

DOMINIQUE *fils arrive d'un pas lent & rêveur.*

TU l'auras, tu l'auras.... Ces mots (& je ne
sais pourquoi) reviennent frapper sans cesse mon
oreille. C'est en vain qu'il aura voulu distraire la
douleur qui me consume..... Ah ! trop cher
objet ! jamais, non, jamais tu ne sortiras de ce
cœur ; ton image y est gravée pour la vie, en
dépit du sort injuste qui nous sépare.... C'est à
présent que j'éprouve combien je t'idolâtre....
Moins j'ai d'espoir, & plus je t'aime.... Qu'il
m'est cruel de te voir destinée à un autre ! Un
autre fera t-il ton bonheur comme je l'eusse fait ?
Un autre saura t-il t'aimer comme moi ?... Il me
faudra donc dévorer mes tourmens !... Tout dans
cette maison me devient insuportable.... Elle-

même augmente mon ſupplice. Je n'ôſe plus la re-
garder.... Le ſeul ſon de ſa voix me porte au
déſeſpoir ; & plus je la fuis, plus il ſemble que
le ſort la ramène ſur mes pas ...La voici...
Reſterai-je.... Non.

SCENE II.

Mademoiſelle DELOMER; DOMINIQUE *fils.*

(Dominique fils la ſalue & ſe retire lentement.)

Mademoiſelle DELOMER, *comme il eſt à la porte, d'un ton triſte.*

VOus vous en allez , Monſieur !

DOMINIQUE *fils, revenant.*

Non , Mademoiſelle.

Mademoiſelle DELOMER.

Vous ſortiez, cependant... Que rien ne vous
retienne.

DOMINIQUE *fils.*

J'allais....

Mademoiſelle DELOMER.

Hé bien ! vous alliez ?

DOMINIQUE *fils.*

Mais je n'allais nulle part. (*Il ſoupire.*)

Mademoiselle DELOMER.

Vous avez pris un air bien triste aujourd'hui.

DOMINIQUE *fils*.

Il est vrai que je devrais ... A propos, Made:
moiselle, j'oubliais de vous faire mon compliment.

Mademoiselle DELOMER.

Sur quoi, s'il vous plaît ?

DOMINIQUE *fils*.

Monsieur Jullefort ... C'est une chose décidée.

Mademoiselle DELOMER.

Vous êtes ironique !

DOMINIQUE *fils*, *avec passion &*
douleur.

Je ne suis que malheureux.

Mademoiselle DELOMER.

Laissez-moi ... Je fais mal de rester avec **vous**;
nous nous trahissons tous deux: vous m'êtes un
objet de tourmens, encore plus que Monsieur Jullefort.

DOMINIQUE *fils*.

Moi, je pourrais vous causer la moindre peine !..
Ah! Mademoiselle, qu'exigez-vous de plus?.. N'ai-
je pas renfermé, jusqu'ici, & sous le plus sévère
silence, le plus vif sentiment; sentiment trop am-
bitieux sans doute; mais du moins j'ai sçu le taire.

Mademoiselle DELOMER.

Je le sais.

DOMINIQUE *fils*.

Aucun espoir ne saurait m'être permis ; & c'est cette persuation cruelle qui va m'éloigner d'une Ville où je ne peux plus vivre.

Mademoiselle DELOMER.

Croyez que je souffre en vous voyant ; & que je souffrirai encore plus, en cessant de vous voir.

DOMINIQUE *fils*.

Si vous avez quelque compassion pour moi, elle ne peut être que stérile. Ne bornez pas du moins votre pitié ; donnez lui un libre cours ; j'en ai besoin : apprenez que, malgré la barrière qui s'élève entre nous, il n'y a qu'un bonheur sans réserve qui puisse me toucher.

Mademoiselle DELOMER.

Et comment résister à mon pere ? j'ai voulu dire quelques mots, il ne m'a point écoutée ; il a fait parler son autorité, & je me suis trouvée sans voix pour lui répondre : Monsieur Jullefort, recommandé de toute part, a gagné sa confiance : il vous la devrait plutôt ; mais (vous le savez) c'est la fortune qui fait les mariages : aussi, combien en compte-t-on d'heureux !

DOMINIQUE *fils*.

Oui, la fortune m'a maltraité ; & c'est ce qui m'a empêché, jusqu'à présent, d'oser lire dans vos regards.

Mademoifelle D E L O M E R.

Monfieur Jullefort me regarde avec beaucoup
d'affurance.

D O M I N I Q U E *fils.*

Je fuis bien loin de tant de hardieffe.

Mademoifelle D E L O M E R.

Je l'ai toujours traité avec la plus grande froideur, & je ne conçois pas comment il y a des hommes
qui veulent nous avoir ainfi malgré nous.

D O M I N I Q U E *fils, vivement.*

Il ne poffede pas encore votre main ; & fi vous
réfiftez ici avec courage...

Mademoifelle D E L O M E R.

Quel courage voulez-vous que j'aie?.. Eft-ce à
mon âge que l'on réfifte? Je crains qu'il ne foit
plus tems : mon pere, vous dis-je, a pris des engagemens.

D O M I N I Q U E *fils.*

Et vous les ratifierez?

Mademoifelle D E L O M E R, *avec douleur.*

Pourrai-je élever la voix, quand un pere commande? Vous ne favez pas tout le pouvoir qu'un
pere a fur nous . . . Je l'aime, je crains de l'of-
fenfer ; & plus je le chéris, plus je tremble de
lui réfifter.

D O M I N I Q U E *fils.*

Ah ! fi j'étais à votre place, je faurais être plus
ferme.

Mademoiſelle D E L O M E R, *avec étonnement.*

Vous me conſeilleriez de déſobéir à mon pere !.. Il ne faut pas que l'intérêt de votre amour vous faſſe ainſi parler contre mon devoir.

D O M I N I Q U E *fils.*

L'intérêt de mon amour ! tout cher qu'il m'eſt, j'y renoncerais pour aſſurer votre repos... C'eſt le vôtre qui m'anime... Eſt-ce à moi d'eſpérer le conſentement de votre pere; moi qui n'ai rien, moi fils ... L'orgueil a établi des diſtances inhumaines, qui font aujourd'hui mon déſeſpoir..., Je crains ſeulement que vous ne ſoyez malheureuſe... Vivez avec tout autre, pourvu qu'il vous ſoit cher.... Irez-vous contraĉter des liens cruels, qui vous feront ſentir le poids du malheur, chaque jour de votre vie? Soyez à tout autre, & vivez fortunée ; je fais de mon côté ce que je dois faire : c'eſt en quittant ma patrie ; c'eſt en allant gémir loin de vous, que je vous prouverai que l'amour qui me conſume eſt pur & déſintéreſſé.

Mademoiſelle D E L O M E R, *d'un ton pénétré.*

Que ne ſuis-je ſi pauvre, que perſonne ne voulût de moi !

D O M I N I Q U E *fils.*

Ah ! ſi j'étais riche ! j'irais m'offrir ... Ou, que n'êtes-vous ſans dot, vétue en ſiamoiſe, vous auriez les mêmes charmes, & je ſerais plus près du bonheur : on ne foupçonnerait pas alors que je fuffe tenté de votre fortune.

Mademoifelle DELOMER.

Mais au-lieu de quitter la maifon , fi vous reftiez... Je ... Vous tenteriez... Vous pourriez même ... Mais non, il n'y confentira point ; je m'abufe ; il n'y confentira jamais.

DOMINIQUE fils.

Et c'eft-là ce qui m'accable ... Je ne puis af-pirer, même en idée, à me mettre fur les rangs. J'offenferais votre pere ; j'aurais peut-être la phyfio-nomie d'un féducteur .... les préjugés qui règnent ... Allons , je fuis perdu , tandis qu'un autre, parce qu'il poffede de l'or, aura l'audace de vous con-quérir ... Ah ! quelle diftance il y a entre poffé der le cœur d'une perfonne, ou fa main.

Mademoifelle DELOMER.

Je vais l'accabler de froideur ... Mais cet homme-là ne fent rien. S'il perfifte à me vouloir, feule & fous les yeux d'un pere, lui ayant toujours obéi, refpectant fes volontés, je ferais donc ...

DOMINIQUE fils, avec une voix étouffée.

Ciel ! .. le ferment de l'aimer.

Mademoifelle DELOMER, avec attendrif-
fement.

Et dans le même inftant, ô Dieu ! celui de ne plus penfer à vous de toute ma vie ... Ah !

DOMINIQUE *fils, avec vivacité.*

Pourrai-je me dire à moi-même, que vous y auriez fongé quelquefois?

Mademoifelle DELOMER.

Vous avez trop lu dans mon cœur, & je vous ai trop entendu.... C'eft pour la premiere fois que nos cœurs s'expriment ainfi; ils ne jouiront pas long-tems de ce plaifir. La loi, les préjugés, tout eft contre nous.

DOMINIQUE *fils.*

Ah! je puis tout hazarder : je deviendrai témé-raire; j'irai me jetter à fes pieds. Embraffez-les de votre côté...

Mademoifelle DELOMER.

Le voici... je tremble qu'il ne nous ait en-tendus.

SCENE

SCENE III.

M. DELOMER , Mlle. DELOMER
DOMINIQUE *fils.*

M. DELOMER, *arrivant avec précipita-
tion & d'un air égaré.*

DOMINIQUE! je vous cherchais; & vous, ma
fille.... Ah, Dieu!.. J'ai de terribles chofes à
vous appendre.

DOMINIQUE *fils, avec inquiétude.*
Monfieur, qu'y a t-il ?

Mademoifelle DELOMER, *tremblante.*
Comme votre vifage eft altéré , mon pere !
qu'avez-vous ?

M. DELOMER
Je fuis au défefpoir.

DOMINIQUE *fils.*
Vous! Ah! parlez.

Mademoifelle DELOMER.
Mon pere !

M. DELOMER, *tombant dans un fauteuil.*
Un moment; laiffez-moi refpirer...Ma fille, tu
vas fremir... Mon malheur; il m'eft plus cruel;
il devient le tien...Ton pere, hélas ! n'a travaillé

D

toute fa vie, que pour fe voir en un feul jour tout-à-coup ruiné.

Mademoifelle DELOMER.

Ruiné, vous !

DOMINIQUE *fils.*

Comment fe peut-il ?

M. DELOMER, *à Dominique.*

Vous méritiez ma confiance, jeune-homme ; j'a-voue même que j'aurais bien fait d'écouter de certains avis que vous m'avez donnés ; je m'en repens aujourd'hui ; mais il n'eft plus tems...Mon cher Dominique, vous avez toujours tremblé de voir la quantité de fonds que j'avançais aux deux Affociés de Hambourg...

DOMINIQUE *fils.*

Ils auraient manqué !

M. DELOMER.

Je viens d'en être frappé comme d'un coup de foudre : depuis vingt ans que je négocie avec eux, ma confiance était devenue fans bornes ; je re-nonçais à toute autre correfpondance, pour me livrer entierement à leurs demandes. Je viens de répondre encore pour eux dans une entreprife confidérable, où cette même confiance m'a aveu-glé. C'était la derniere opération que je voulais faire de ma vie. Que ne fuis-je mort avant d'en avoir conçu l'idée.

Mademoiselle Delomer.

Ah! mon pere, mon pere, ne vous livrez point
à l'abbattement; voici le jour du courage... Mais
quoi! tout ferait-il perdu?

M. Delomer.

On m'écrit que leur faillite est sans ressource,
& c'est dans le moment que j'attendais la plus forte
rentrée de mes fonds, que cet accident-là m'é-
crase. Le paiement de l'année, celui de la maison, ta dot, ton fort, le mien, tout reposait sur
eux; tout est précipité dans l'abîme.

Dominique fils, vivement.

Je suis à vous, Monsieur; faut-il courir, prendre la poste, aller en personne stipuler vos intérêts, tandis que vous prendrez ici les arrangemens
les plus convenables? Je pars; je ne reviendrai
qu'après avoir appaisé l'orage.

(*Pendant cette scène, Mademoiselle Delomer*
demeure le visage caché, & s'appuyant sur
un fauteuil.)

M. Delomer.

Il faut attendre; il paraît que c'est le contre-
coup que je reçois: ils n'ont manqué, sans doute,
que parce que l'orage vient de plus loin. Quel parti
prendre pour effectuer mes paiemens? Ils se mon-
tent très-haut, & c'était les fonds que je devais
recevoir de Hambourg, qui étaient destinés à l'ac-

quit de ces créances: il faut emprunter & user de mon crédit. On m'offrait dernierement encore des fonds affez confidérables ; en attendant que cette opération fe réalife , allez toujours efcompter les effets que je vais vous donner. Il nous faut profiter des momens où l'on ne fait rien encore. Nous paierons ces deux jours-ci, mais pas plus... Vous m'entendez bien?

DOMINIQUE *fils.*

Ah ! Monfieur, quelle affreufe extrémité !

M. DELOMER.

J'y fuis réduit ; je fuis l'exemple que l'on me donne ; c'eft un malheur que l'on me force à rejetter fur d'autres ; je ferai perdre , parce que je perds.

DOMINIQUE *fils.*

Vous pourriez vous réfoudre à ... (*Retenue expreffive.*)

M. DELOMER.

Autrement je fuis ruiné ; il n'y a pas d'autre parti. Irai-je fupporter feul tout ce fardeau pour en être opprimé ?

DOMINIQUE *fils.*

Me permettez-vous de parler comme je penfe ?

M. DELOMER.

Il le faut ; ces momens font trop de conféquence pour me rien déguifer.

DOMINIQUE *fils.*

Vous ne vous en offenferez pas , Monfieur : mais il n'y a que l'infortune qui puiffe vous inf-

pirer un tel deffein : il répugne à vos propres principes..De malheureux que vous étes, deviendriez-
vous coupable? Emprunter fans reffources pour
rendre! Ah ! fouvenez-vous de ce que vous m'avez
dit cent fois : aucun prétexte ne peut faire manquer
aux engagemens que l'on a pris : la confiance que
l'on nous a donnée ne faurait être trompée....
Après tout, Monfieur, il vous faudra toujours,
dans peu, en venir à la feule opération qui eft à
faire ; vous ne pouvez vous le diffimuler.

M. DELOMER.

Quoi ! vous me confeillez de faire un abandon
à mes créanciers, de me dépouiller de tout? Je
veux fauver affez pour conferver l'état que j'ai
acquis. Après tant de travaux, toute la fortune
d'une maifon dépendrait du caprice du fort, &
j'aiderais de mes mains à la renverfer! & que deviendrait l'établiffement de ma fille? Moi qui avais
lieu de prétendre....

Mademoifelle DELOMER.

Ne fongez point à moi, mon pere; ne confultez
que votre cœur; ne voyez que la paix, le repos
de vous-même.

DOMINIQUE fils.

Ah, Monfieur ! chaffez loin de vous l'indigne
faibleffe que donne le premier affaut du malheur.

Ne rompez pas cette circulation, l'ame du commerce; qu'il foit refpecté par vous-même au milieu des revers : l'équité & l'honneur furmontent
toutes les difficultés. Envifagez le tort que vous
allez faire; vingt familles feront précipitées dans
l'indigence, & vous accuferont; elles feront fans
reffources, & vous en avez encore. Daignez vous
ouvrir à moi : croyez-vous avoir affez pour parer
à tout, fi vous vouliez ne rien faire perdre.

M. DELOMER.

Oui ; mais, mon cher ami, il ne me refterait
abfolument rien ; il me faudrait tout vendre, mes
deux maifons, ma campagne, & peut-être jufqu'à
mon mobilier.

DOMINIQUE *fils*.

Mais auffi vous ne devriez plus rien à perfonne !

M. DELOMER.

Et que deviendrais-je après ? Vraiment je ferais
alors dans le monde une belle figure.

DOMINIQUE *fils*.

On eft toujours riche, quand on a tout payé.
Croyez que vous ferez cent fois plus heureux dans
l'état le plus médiocre, lorfque vous ne ferez ex-
pofé à aucun reproche : je vous connais, Monfieur ;
vous ne favez pas l'effet que ferait fur vous le regard d'un homme qui vous dirait : tu m'as trompé;
vous n'y êtes point accoutumé : la premiere épreuve
ferait mortelle : oui, mortelle, j'en fuis fûr . . . .

Vos biens font fuffifans, ou non, pour payer vos dettes : dans le dernier cas, pourquoi acquitter des créanciers anciens aux dépens des nouveaux? C'eft une action contraire à l'ordre des chofes ; c'eft une injuftice...

M. DELOMER.

Il faudrait donc que je m'aviliffe?

DOMINIQUE *fils.*

On ne s'avilit pas pour être jufte.

M. DELOMER.

Que je tombaffe dans la derniere mifere. Et ma fille, ma fille !.. Eh! que deviendrait l'efpoir de ma vie !

Mademoifelle DELOMER.

Mon pere, en ce moment oubliez-moi...

M. DELOMER.

Tu approuverais que je te dépouillaffe de tout?

Mademoifelle DELOMER.

Oui, plutôt que de voir votre front rougir une feule fois.

DOMINIQUE *fils.*

Monfieur, je me dévoue pour toujours à votre fervice ; votre infortune vous rend encore plus refpectable à mes yeux ; vous m'avez donné votre confiance, daignez me l'accorder fans réferve ; vous êtes trop troublé pour agir par vous - même dans cette révolution malheureuse. Je vais, sans perdre de tems, travailler à faire l'état le plus exact de vos biens & de vos dettes. Certainement vos créanciers, convaincus de votre bonne foi, seront touchés de votre situation & vous faciliteront les moyens de continuer votre commerce. Vous conserverez votre crédit, le crédit qui vous rouvrira de nouvelles sources de richesses; reposez-vous sur moi; à chaque heure je vous rendrai compte de toutes mes opérations. (*Dans un mouvement énergique.*) Oui, nous ferons honneur à tout : dites, n'est-il pas vrai, nous ferons honneur à tout ?

M. DELOMER.

Vous me touchez infiniment, jeune-homme ; vous êtes bien estimable; & jamais je ne vous ai mieux connu que dans ce moment : je vous devrai ma vertu ; oui, je m'en rapporte à vous ... Agissez de maniere que qui que ce soit n'ait à me reprocher la moindre fraude, soit dans l'exécution, ni même dans l'intention... Il me reste encore une lueur d'espérance ; Monsieur Juliefort mon gendre est riche, il aime ma fille ; il m'aidera sûrement. Plus ou moins d'argent, pour le moment, lui sera à peu près égal. .. Le croire uniquement touché de la dot, ce serait lui faire injure ; il ne mérite pas qu'on lui fasse cet outrage.

DOMINIQUE *fils.*

Il peut se rendre doublement heureux, & goûter un nouveau bonheur, en vous offrant l'appui de sa fortune.,... Que d'avantages pour lui !

M. DELOMER.

Je le crois bon ami ; & nous allons l'admettre à notre confidence ; le titre qu'il va porter l'engagera à prendre nos intérêts. Cet aveu, je l'avoue, va me coûter à lui faire : il faut que je lui dise que je suis forcé d'employer la plus grande partie de la dot au paiement de mes créanciers .,... Mais il ne perdra rien par la suite...

Mademoiselle DELOMER.

Hé bien ! souffrez que je vous épargne cet aveu ; il l'entendra de ma bouche ; il le recevra d'une maniere différente ... Permettez que j'aye un entretien avec lui... Nous ne douterons plus alors de sa réponse.

M. DELOMER.

J'y consens : tout-à-l'heure en rentrant, je l'ai apperçu, qui venait après moi ; j'étais trop troublé pour lui parler ; je vous cherchais ; j'ai recommandé qu'on le fît attendre ... Je vais te l'envoyer. (*A Dominique.*) Allons , mon cher Dominique, je vais remettre tous mes papiers entre vos mains ;

ma tête n'eſt pas à moi; agiſſez à votre gré ; je
vous confie mes intérêts & mon honneur : j'approu-
verai tout ce que vous ferez : ſans vous j'allais
faire une démarche qui ne s'accordait pas avec ce
que je dois à mon nom.... C'eſt vous qui m'avez
ſauvé du précipice où j'allais tomber.

DOMINIQUE *fils.*

Je n'ai que du zèle à vous offrir; mais il eſt
extrême, il eſt pur, & il ne ſe démentira dans aucune circonſtance de ma vie.

(*Dominique ſuit M. Delomer, & Mademoiſelle Delomer lui jette un regard d'appro-
bation en ſe ſéparant.*)

SCENE IV.

Mademoiselle DELOMER *soupire & dit après un court silence.*

Qu'il eſt cruel d'étouffer des ſentimens qui ſemblent auſſi légitimes ! Avec quelle nobleſſe il vient de parler ! Ah ! mon cœur approuvait tout ce qu'il diſait. Son ame répond bien à la mienne … d'où vient donc que je prends ſi peu de part à l'infortune qui nous accable ? Au moins, ſi j'en crois ce preſſentiment flatteur , je n'épouſerai pas Jullefort … mais s'il ne voyaît que moi dans l'union projettée , s'il m'aimait aſſez pour ſecourir mon pere , je devrais plus que jamais me ſacrifier pour lui … cette idée m'alarme , m'épouvante … je deſire & je crains … je ſais quel eſt mon devoir, mais je ſais auſſi quel eſt mon cœur … le voici , que je tremble de le trouver généreux ; mais hélas ! quel ſouhait terrible !

SCENE V.

Mademoiselle DELOMER;
M. JULLEFORT.

M. JULLEFORT, *arrivant avec transport.*

MADEMOISELLE, ma chere Demoiselle ,
quelle félicité m'attend! quel bonheur pour moi!
J'ai vu le Notaire, il a dreſſé l'acte , tout réuſſit
ſelon mes vœux , & bientôt nous allons nous appel-
ler des plus tendres noms … mais que vois-je encore ? ne ſoyez pas ſi ſérieuſe , en vérité je n'ai jamais été plus joyeux de ma vie …

Mademoiſelle DELOMER.

Cette joie ne ſera peut-être pas d'une longue
durée , Monſieur ….

M. JULLEFORT.

Oh! elle ſera éternelle comme l'amour que je
reſſens …

Mademoiſelle DELOMER.

Écoutez-moi , Monſieur ; nous avons à parler
enſemble & j'attends de vous toute la ſincérité …

M. JULLEFORT.

Avez-vous jamais douté que je puſſe vous parler autrement ?(*A genoux.*) Eh bien ! croyez-en les

plus brûlantes proteftations de mon cœur : je vous jure un amour que la mort même ne pourra éteindre, une fiâme qui vivra jufques dans mon tombeau ... non jamais perfonne ne m'a paru fi adorable que vous : j'en jure par tout ce qu'il y a au monde de plus facré.

Mademoifelle DELOMER.

Ah ! Monfieur, levez-vous , ce ne font pas des fermens que je vous demande.

M. JULLEFORT.

Et comment voulez-vous donc que je vous faffe croire ?...

Mademoifelle DELOMER.

Je compte peu fur les fermens, & les vôtres dans ce moment , fi vous voulez que je vous le dife , me paraiffent vains & légers.

M. JULLEFORT.

Vains & légers ! Que dites-vous, Mademoifelle ? Ce ne font pas ici des fermens en l'air comme ceux que font les amans : ce font des fermens d'époux, appuyés d'un bon contrat & rien dans l'univers ne peut caffer cela ... oui , notre contrat eft comme figné , puifque l'on n'attend plus que vous ... Vous doutez de mon amour ! Ah , vous ne favez pas ce que je vous facrifie ! Si je vous difais tous les partis que j'ai refufés ! Tenez ; on me propofait , encore il y a quinze jours , une riche héritiere orpheline & ayant deux oncies cacochymes! c'était un détail de biens qui ne finissait pas. Mais je n'ai pas voulu lire seulement ; j'ai rendu froidement le tableau. On m'aurait offert un million.

Mademoiselle DELOMER.

Mais, Monsieur, vous avez peut-être mal fait de refuser un aussi bon parti.

M. JULLEFORT.

Comment donc! mais vous m'offensez cruellement...

Mademoiselle DELOMER.

Répondez-vous assez de vous-même pour assurer qu'en m'épousant ce n'est pas le bien que vous regardez?

M. JULLEFORT.

Si vous étiez sans fortune, le bonheur de vous posséder serait encore le même à mes yeux.

Mademoiselle DELOMER.

Quoi ! si je n'avais rien, vous me rechercheriez avec le même empressement? Vous me prendriez sans dot?.. consultez-vous bien.

M. JULLEFORT.

Quelle question ! Je n'ai pas besoin de me consulter, je vous donnerais avec la même tendresse une preuve de mon désintéressement.

Mademoiselle DELOMER, à part.

Parlerait-il tout de bon? que je suis malheureuse!.. Allons; c'est pour mon pere.

M. JULLEFORT, *à part.*

Quelle est simple ! il faut s'y prêter.

Mademoiselle DELOMER.

Enfin Monsieur, en suppofant que mon pere eft tombé tout-à-coup & par un revers inattendu dans l'indigence, & qu'il ait befoin de votre crédit & de vos foins pour le relever, vous iriez généreufement jufqu'à vous employer pour lui ?

M. JULLEFORT.

Dans un cas pareil le bonheur de vous mériter ferait d'un prix bien au-deffus de tout ce que je pourrais faire... mais dites-moi, Mademoifelle, eft-ce pour m'éprouver que vous me tenez ce langage, ou plutôt ferait-ce une ironie ? Mes biens font francs & quittes, je ne dois rien, je vous en avertis : ne craignez pas de livrer votre main à l'homme que vous avez rendu fenfible, nous ferons une excellente maifon ... je n'ai point de mon côté de ces queftions qui refpirent la défiance...

Mademoifelle DELOMER, *l'interrompant.*

Ces queftions font plus férieufes que vous ne penfez, que vous ne pouvez croire. (*D'un ton pathétique & douloureux.*) Elles font fondées fur des caufes auffi récentes que malheureufes.

M. JULLEFORT, *paraiffant extrêmement inquiet.*

Qu'y a-t-il-donc Mademoifelle, & que voulez-vous me dire ?

Mademoiselle DELOMER.

Ce que je suis chargée de vous apprendre ; je vous ai préparé au dernier trait pour ne point vous accabler d'un seul mot.

M. JULLEFORT, *à part.*

Cela commence à me faire trembler... mais seroit-ce plutôt une feinte?

Mademoiselle DELOMER.

Ne vous êtes-vous point apperçu que mon pere était triste, était changé & dans une situation qui annonçait un extréme embarras?

M. JULLEFORT, *en pâlissant.*

Effectivement... mais il est quelquefois comme cela.... est-ce qu'il y aurait une cause particuliere?

Mademoiselle DELOMER.

La plus terrible. Il vient de recevoir dans l'instant la nouvelle d'une faillite épouvantable.

M. JULLEFORT,

Qui retombe sur lui ?

Mademoiselle DELOMER.

Sur lui principalement. Ce sont les personnes sur qui roulait depuis vingt ans tout son commerce, qui lui enlevent tout.

M. JULLEFORT, *à part.*

Je suis perdu... (*Haut.*) Et cela est considérable?

Mademoiselle DELOMER.

De tout notre bien, vous dis-je; notre ruine est entiere.

M. JULLEFORT.

M. JULLEFORT, *en jettant un cri.*

Ah ! mon dieu, mon dieu ! que me dites-vous
là. (*Grand repos.*) Ce sont de ces choses qui n'arri-
vent qu'à moi. (*A part.*) Que je suis malheureux !
(*Apres un intervalle, haut & vivement.*) Mademoifelle, il faut lui conseiller de cacher quelque tems
fa situation, précipiter votre mariage, doubler votre
dot ; c'est un moyen sûr pour se referver une table
dans le naufrage. Le douaire des filles est une chose
qui passe avant tous les créanciers, & qui leur donne
un pied de nez... en faisant le douaire très- considérable ...

Mademoiselle DELOMER.

Mon pere ne suivra pas ce conseil, Monsieur :
il aurait pû vous laisser ignorer son infortune &
vous tromper : mais loin de lui ce vil artifice.

M. JULLEFORT, *à part.*

Ah ! je l'ai échappé belle. (*Haut & d'un ton en
colere.*) Mais comment s'est-il aussi aventuré ? . . il
a manqué de prudence. A son âge faire des sotti-
ses , des extravagances de cette force ! Ah cela n'est
pas pardonnable.

Mademoiselle DELOMER.

Il est des commerces sujets à de pareilles revers,
& l'on n'y prospere qu'à force d'avancer des fonds ;
il était à la veille d'une rentrée considérable.

M. JULLEFORT.

D'une rentrée confidérable ! Il faut les pendre ces coquins, ces miférables-là.

Mademoifelle DELOMER.

Ils ne font que malheureux comme nous.

M. JULLEFORT.

Point de grace, point de grace, en place de greve ces marauds-là .... La fortune m'eft bien cruelle ... mais je fuis furieux contre votre pere, il mérite les reproches les plus fanglans ... au-lieu de garder fon argent dans fon coffre.

Mademoifelle DELOMER.

Qui de nous fait lire dans l'avenir ?

M. JULLEFORT.

Mais, Mademoifelle, c'eft que c'eft une perte irréparable, vous ne fentez pas cela comme moi, vous êtes d'un tranquille !.. J'avais déja fait un fage emploi... voilà mes projets avortés. Je fuis fûr que vous ne favez feulement pas que vous n'a-vez prefque rien du côté de votre mere : ces deux maifons de campagne font des acquéts depuis fon décès. Il y a bien un petit douaire fur je ne fais quel terrein aux nouveaux Boulevards ; mais c'eft fi peu de chofe ! .. votre pere eft, en vérité ... il eft ... non, vous avez beau dire, je ne lui par-donnerai de ma vie.

Mademoifelle DELOMER, *d'un ton ferme.)*

Gardez-vous de rien dire, Monfieur, qui puiffe

le bleffer ; c'eft prendre auffi trop vivement mes
intérêts. Mon pere ne vous fait aucun tort, je
crois ; il travaille actuellement au tableau de fes
dettes, & nous entrevoyons avec plaifir que nos
biens fuffiront pour payer.

M. JULLEFORT

Et votre dot, Mademoifelle, votre dot ?.. c'eft
plutôt pour vous que je parle, que pour moi ; il
vous faut toujours une dot dans tous les cas pof-
fibles... mais jen'y fongeais pas : vous avez, au moins,
des oncles, tantes, plufieurs parens enfin dont les
fucceffions réunies pourraient former ... & réparer...

Mademoifelle DELOMER.

Non, Monfieur, je n'ai perfonne, je n'attends
rien de perfonne : mon pere était tout pour moi
& ce n'eft que fur lui que je répands des larmes.

M. JULLEFORT, *à part.*

Pas un feul héritage, quelle famille ! où allais-
je me fourrer. (*Haut.*) Mademoifelle, je vous aime
trop pour n'être pas touché de cet accident...
cette maudite faillite ... ne fentez-vous pas tout
le malheur de deux perfonnes qui s'uniffent pour
la vie & dont l'une ... mais comment ! vous êtes
bien fûre qu'on ne remettrait pas à Monfieur votre
pere une partie de fes fonds. Quatre-vingts pour
cent par exemple ... c'eft l'ufage.

Mademoifelle DELOMER.

Monfieur, il rejetterait un tel projet ; il ne

veut point de grace, il ne veut rien faire perdre à perfonne.

M. JULLEFORT.

Tant-pis, Mademoifelle: tout cela dérange furieu-fement, comme vous pouvez bien penfer ... & , te-nez, d'ailleurs je doute fort que vous m'aimiez gran-dement .... je ne fais pas époufer une jeune per-fonne auffi intéreffante que vous du confentement feul de fon pere ... j'aurais fans ceffe à me re-procher de ne vous tenir que de fa main ... je ne veux point vous rendre malheureufe, vous le feriez peut-être avec moi... le vrai parti en pareil cas ferait ...

Mademoifelle DELOMER.

De vous retirer, Monfieur.

M. JULLEFORT.

Oui, oui, Mademoifelle, je vous obéis... je vais... je vous falue.

SCENE VI.

Mademoifelle DELOMER.

LE voilà donc cet homme qui, à l'entendre, ne defirait que moi... comme il s'eft ému à la nou-velle que je lui ai donnée!.. il femblait que c'était fon bien qu'on emportait. Du moins ce malheur a fervi à l'éloigner... me voilà délivrée de cet homme... j'en reſſens une joie ſecrette... mais l'état de mon pere me trouble & m'attendrit. Ce n'eſt que pour lui que je regrette cette fortune qui aſſurait le repos de ſes dernieres années ; pour moi il me ſemble qu'avec Dominique je paſſerais ma vie dans la derniere médiocrité , ſans jetter un ſeul ſoupir.... oui, dans ce moment je ſerais heureuſe ſi mon pere ne ſouffrait plus.

SCENE VII.

Mademoiſelle D E L O M E R , DOMINIQUE *fils.*

D O M I N I Q U E *fils, traverſant le Théâtre & tenant un porte-feuille en main.*

DANS ces momens, Mademoiſelle , je ne m'occupe qu'à parer les coups les plus violents de la tempête : il reſte quelquefois des reſſources ireſpérées , & le temps amène toujours de ſinguliers changemens : peut-être que les affaires prendront un autre tour, ne déſeſpérez pas ; tout n'eſt peut-être pas perdu & je vais chercher les moyens de remédier à ce qu'il y a de plus preſſé... ce tems, hélas ! n'eſt pas celui de vous parler de moi.

Mademoiſelle D E L O M E R.

J'en veux moins à ce coup du ſort , Dominique : il ſemble me rapprocher de vous ; nos deſtinées du

E 3

moins feront à-peu-près égales. Que cet argent qui fait tout me paroit vil, lorfque les fentimens du cœur fi chers, fi précieux, font fans valeur. J'ai entendu M. Jullefort.

DOMINIQUE fils, *avec inquiétude.*

Sa fortune va vous dédommager de celle que vous perdez....

Mademoifelle DELOMER.

Vous vous trompéz (*En fouriant.*) il a pris la fuite en aprenant notre défaftre.

DOMINIQUE fils, *avec joie.*

Il eft heureux pour moi que cet homme n'ait jamais eu un cœur ni des yeux...je n'ai plus ce rival...

Mademoifelle DELOMER.

Apprenez que vous n'en avez jamais eu....que vous n'en aurez jamais, que vous ne pouvez en avoir... Dominique, vous méritez cet aveu; qu'il vous enhardiffe à bien fervir mon pere.

DOMINIQUE fils, *lui baifant la main.*

Que dira la faible voix de la reconnoiffance, lorf-que mon cœur palpite, & d'amour, & de furprife, & de joie...adieu, je cours... je vais...comment pourrai-je affez vous mériter ?

(*Ils fe féparent en fe regardant avec tendreffe.*)

Fin du fecond Acte.

ACTE III.

(Le Théâtre représente une espece de Salle par bas ;
Dominique pere en bonnet de laine & en veste
rouge, conduit un petit baril sur une Brouette de
Vinaigrier à une roue, laquelle est à bras. Il
entre sur la scène en roulant sa Brouette : un
Domestique veut s'y opposer.)

SCENE PREMIERE.

DOMINIQUE pere, UN DOMESTIQUE.

LE DOMESTIQUE.

Quoi ! vous voulez absolument, & malgré nous,
entrer dans cette Salle basse.

DOMINIQUE pere, roulant sa Brouette
& tout essouflé.

Oui, je le veux : j'ai mes raisons... rangez-vous.

LE DOMESTIQUE.

Qu'est-ce que cela veut dire ? on n'a jamais vu
pareille chose ; & certainement vous êtes fou.

DOMINIQUE *pere, pofant fa Brouette.*

Je ne fuis point fou, je fais ce que je fais, & ce que je dois faire .... cela m'impatiente, à la fin ... attends que ton maître s'en plaigne. Quand mon fils te commande, as-tu coutume de faire tant de répliques ?

LE DOMESTIQUE.

Oh ! fi c'eft par fon ordre, à la bonne heure ; ma foi, on eft allé l'avertir de tout ceci.

DOMINIQUE *pere.*

Mon fils ? & pourquoi ? je n'ai que faire de lui. (*En frappant du pied.*) Voyez donc un peu ces gens-là. C'eft à Monfieur Delomer que je veux parler, non à d'autres.... Il faut que je lui parle tout préfentement....

LE DOMESTIQUE.

Il eft empêché pour des affaires de conféquence.

DOMINIQUE *pere.*

Il n'importe ; il faut abfolument que je lui parle tout-à-l'heure ....il y va de la mort d'un homme.

LE DOMESTIQUE.

Voilà Monfieur votre fils ; parlez-lui. (*En s'en allant.*) Le plaifant original !... Il a, par ma foi, la cervelle dérangée...

SCENE II.

DOMINIQUE *pere*, DOMINIQUE *fils*.

DOMINIQUE *fils*.

QUEST-CE donc, mon pere ? Qu'avez - vous donc ? Comme vous venez ici ! Eh mon Dieu ! que voulez-vous avec tout ce train-ci ?

DOMINIQUE *pere*.

Mon ami ; je viens faire la demande.

DOMINIQUE *fils*.

Vous choififfez bien votre tems, & encore mieux le lieu.

DOMINIQUE *pere*.

Va, va, Dominique ; ne te mets en peine de rien ; laiffe-moi faire feulement .... tu verras, tu verras.

DOMINIQUE *fils*.

Quoi ! cet habit de travail, ce Baril, cette Brouette dans une Salle frottée !

DOMINIQUE *pere*, *le contrefaifant*.

Oui, dans un Salle frottée ; voyez le grand mal !... Eh bien ! le frotteur recommencera .... ce Baril te fait pitié, te fait hauffer les épaules ; va, va, mon garçon ; c'eft un petit fupplément à mes paroles, qui ne nuira pas, je penfe : on réuffit toujours bien dans quelque affaire que ce foit, quand on n'arrive

pas les mains vuides. Allons ... allons... D'ailleurs;
j'ai pour principe de ne jamais abandonner ma mar-
chandise ; & cet accoûtrement qui t'offense , c'eſt là
mon habit d'honneur , entends-tu ? Je ne ſuis
jamais plus hardi que comme cela.

DOMINIQUE *fils.*

Vous avez réſolu de m'éprouver , mon pere ;.
mai j'ai peur que vous ne manquiez aux conve-
nances reçues dans le monde.

DOMINIQUE *pere.*

Oh ! tu es amoureux ?... Je veux te guérir .... je
veux te guérir abſolument .... je le veux.

DOMINIQUE *fils.*

Écoutez-moi , de grace ; Monſieur Delomer n'eſt
pas de bonne humeur aujourd'hui.

DOMINIQUE *pere.*

Oh ! ſon humeur changera.

DOMINIQUE *fils.*

Ah ! vous ne ſavez pas....

DOMINIQUE *pere.*

Eh bien ! quoi ! qu'eſt-ce que je ne ſais pas ?

DOMINIQUE *fils.*

Qu'il ne m'eſt peut-être pas tout-à-fait défendu
d'eſperer.

DOMINIQUE *pere.*

Ah ! bon : j'écoute cela .... tu ne m'as jamais
menti ; tu t'es bien aſſuré d'avance que, s'il ne dé-
pendait que de ſon choix , Mademoiſelle Delomer

te préférerait à celui qu'on lui deftine .... prends garde, au moins, prends garde....

DOMINIQUE *fils.*

Oh !... oui, oui, mon pere.

DOMINIQUE *pere, se frottant les mains ; & se promenant.*

Tout eft dit ; c'eft-là le principal : allons, allons, mon garçon ; tout ira bien .... je te l'ai dit tantôt ; tu l'auras, ma foi, tu l'auras...

DOMINIQUE *fils, le suivant.*

Voyez dans quel danger vous me mettez en ex-pofant votre état auffi publiquement ; vous faites ap-percevoir d'avantage la difproportion qui fe trouve entre vos fortunes : cela vous amufe, vous femble jovial, plaifant, fingulier ; mais le monde rit ; il a fes préjugés, le monde eft cruel, il ne pardonne pas au ridicule.... N'avez-vous pas vu jufqu'à ce Domefti-que lever les épaules en s'en allant .... je l'ai bien apperçu, moi.

DOMINIQUE *pere.*

Après ; qu'y a-t-il donc de fi étonnant ! un valet ricanne .... qu'eft-ce que cela fait ?... Songe donc que l'homme doré, qui en a trente à fa fuite, n'en impofe pas à ton pere. Qu'a-t-il de plus que moi, fi ce n'eft l'embarras de ne pouvoir s'en paffer ?

DOMINIQUE *fils.*

Mais enfin, quel eft votre projet, quand Mon-fieur Delomer fera venu ? Je ne vous reconnois plus ; que lui voulez-vous ?

DOMINIQUE *pere, toujours se promenant.*

Que tu deviennes son gendre.

DOMINIQUE *fils.*

Vous précipitez trop .... d'un mot vous m'allez perdre pour toujours.. Il me croira de moitié .... & dans quel tems venez-vous !

DOMINIQUE *pere.*

Parbleu ! fort à propos.

DOMINIQUE *fils , fait un geste pour emmener la Brouette.*

Mon pere, en grace ; je vais vous aider à ôter cela d'ici.

DOMINIQUE *pere, s'arrêtant.*

Eh ! non, non, non ; je te défends d'y toucher ; il faut qu'elle reste là .... oui, là.

DOMINIQUE *fils.*

Sous la porte cochere feulement, ici à côté.

DOMINIQUE *pere, s'opposant tout-à-fait.*

Veux-tu bien laisser cela , te dis-je .... mais voyez l'orgueil !... renier ma Brouette !...

DOMINIQUE *fils.*

Il va venir.

DOMINIQUE *pere.*

C'est ce que je demande.

DOMINIQUE *fils.*

Que j'ai de regret de vous avoir parlé !

DOMINIQUE *pere.*

Tu as bien peu de confiance en ton pere ! t'es-tu

jamais repenti de l'avoir écouté ? (*Presque en colere.*)
Mais pour qui me prends-tu donc ?

DOMINIQUE *fils.*

Tout autre que moi croirait que vous n'êtes pas
sage en ce moment.

DOMINIQUE *pere.*

Nous verrons, nous verrons qui de nous deux
l'est le moins.

DOMINIQUE *fils.*

Et Monsieur Delomer ne va savoir que penser...,
Je nierai tout, d'abord.

DOMINIQUE *pere, en chantonnant.*
Ah ! que de raisons !

DOMINIQUE *fils.*

Je l'apperçois : ne lui parlez de rien , je vous en
conjure ; voyez comme il a l'air triste ! il n'est gueres
dans une situation à se prêter à vos plaisanteries.

SCÈNE III.

M. DELOMER, DOMINIQUE *pere*;
DOMINIQUE *fils*.

M. DELOMER.

C'EST donc vous qui voulez me parler, cher papa? Et qu'eſt-ce que vous me voulez donc avec tout cet attirail?

DOMINIQUE *pere*.

Si vous m'avez eſtimé, Monſieur, je vous demande pour faveur une demie-heure d'audience: tout-à-l'heure je vous expliquerai les motifs de la liberté que j'ai priſe, & vous ne la déſapprouverez point.

DOMINIQUE *fils, à l'oreille de ſon pere.*

Parlez-lui de toute autre choſe.

M. DELOMER.

Dominique, j'aime à voir votre pere dans cet habit de travail. Il lui donne un air utile qui ne déplaît point à la vue; ſon âge ſemble plus reſpectable, ſes travaux entretiennent la ſérénité de ſon ame .... voilà l'état de l'homme .... il eſt plus heureux, plus tranquille que moi. Oui, j'eſtime plus ce bonnet que ces têtes légères qui promenent partout le vuide de l'oiſiveté. Chacun dit: il n'eſt rien de tel , que d'avoir un metier en main , & chacun court après les emplois les plus incertains. De-là naissent les malheurs , les vices & les crimes. Aussi l'honnête-homme devient de jour en jour plus rare. On appelle la fraude au défaut du travail ; les uns se font hardis frippons , les autres deviennent des intrigans adroits. Je suis trompé doublement en un seul jour ; vous me voyez le cœur serré de tristesse & de douleur.

DOMINIQUE *fils , à voix basse.*

Auriez-vous reçu encore d'autres nouvelles ? Je passerai dans votre cabinet : mon pere ne vous veut rien d'assez pressé , & nous avons affaire.

M. DELOMER.

Je ne dois pas me méfier de votre pere. Est-ce que vous ne lui avez point fait part....

DOMINIQUE *fils.*

Moi, Monsieur ! divulguer vos secrets sans votre aveu !

M. DELOMER.

Je vous en estime davantage : vous auriez pu cependant les lui révéler sans m'offenser .... je puis parler devant lui du nouveau coup qui vient de me frapper ; il ne m'est pas moins cruel que l'autre. (*Élevant la voix.*)Hélas ! je vous ai annoncé ce matin le mariage de ma fille avec Monsieur Jullefort: j'avais cet établissement à cœur. Eh bien ! cet homme qui me semblait vraiment épris de sa per-

fonne , & defirer fincerement mon alliance ; cet
homme eft un cœur intereffé, vil, une ame de boue,
comme il y en a tant. (*A Dominique fils.*) Dominique ; il nous délaiffe ; il s'eft retiré avec une froideur infultante , & je viens de recevoir une lettre
où il a la lâcheté de me faire des reproches.... Ah !
ce trait m'a percé le cœur.

DOMINIQUE *pere , riant.*

Vous ne vous ferez pas accordés fur la dot... Oh !
je devine cela.... Par ma foi , ces époufeurs-là
font à la mode. Ils vous marchandent impitoyable-
ment une fille à fon propre pere. Vous avez bien
fait de tenir bon. Croyez que vous ne perdez rien ;
car ces fortes de gens-là font toujours de mauvais
maris. Pour moi, j'en ai un à vous propofer , qui
certainement vaudra mieux que ce Monfieur Juile-
fort. (*A fon fils.*) Oh ! tu as beau me faire des mines .... je parlerai , je parlerai.

DOMINIQUE *fils, en s'en allant brufquement.*
Eft-il poffible !... Adieu , mon pere....

SCENE IV.

M. DELOMER, DOMINIQUE *pere.*

DOMINIQUE *pere, s'approchant de l'oreille de M. Delomer.*

OUI, Monſieur ; c'eſt moi qui viens vous offrir un parti pour Mademoiſelle ; m'entendez-vous ?... Cette chere enfant eſt ſi aimable, ſi bonne !...

M. DELOMER, *regardant Dominique pere.*

Vous, pere Dominique ! voilà qui eſt neuf. Qui peut, s'il vous plait, vous avoir chargé ? . . .

DOMINIQUE *pere.*

Je parle au nom d'un jeune-homme dont la famille & les mœurs vous ſont bien connues.

M. DELOMER.

Bon !

DOMINIQUE *pere.*

Oh ! pour ce jeune-homme-là, il aime la Demoiſelle, il l'aime ſincerement ; le reſpect eſt le fondement de cet amour, car il le rend timide & muet; je parle ici pour lui, il la prendrait pauvre comme riche, j'en réponds : eh bien ! n'eſt-ce pas là de la tendreſſe ?

M. DELOMER.

Achevez, dites ; quel eſt-il, ce jeune-homme

F

DOMINIQUE *pere avec fermeté.*

C'eſt mon fils.

M. DELOMER.

Votre fils ?

DOMINIQUE *pere, hardiment.*

Oui , Monſieur , mon fils...

M. DELOMER.

Certes, je ne m'y attendais pas...comment ! lui
à qui je m'ouvre tout entier , il aurait pu former
de ſecrettes prétentions ! il vous aurait chargé !..

DOMINIQUE *pere.*

Il ne m'a chargé de rien. C'eſt moi qui veux cela...
Avez-vous pris garde comme il s'eſt enfui, quand il
a vu que je voulais vous parler ?.. Loin d'avoir
nourri le moindre eſpoir , il ſèche ſecrettement de
chagrin , tantôt demandant à voyager & tantôt ne
le voulant plus : il eſt nuit & jour dans l'état le plus
tourmentant ; & moi je n'ai appris qu'aujourd'hui
le ſupplice de ce pauvre garçon : car vous m'auriez vu plutôt ; tenez, ſi ce matin je ne lui euſſe ſerré
le bouton , il ſe ferait laiſſé mourir de conſomption
ſans que nous ſçuſſions pourquoi.

M. DELOMER.

Vous me ſurprenez étonnamment , je n'aurais
jamais ſoupçonné....

DOMINIQUE *pere.*

Je me ſuis dit, puiſqu'il l'aime ſi fort, il ne peut
que la rendre heureuſe & être heureux lui-même;

vous connaiſſez ſon cœur, ſon eſprit, ſes talens, il ſuit le même état que le vôtre, il eſt eſtimable, vous l'eſtimez, pourquoi n'aurait-il pas la préférence?

M. DELOMER.

Bon pere Dominique, y penſez-vous? Je vous pardonne.... vous êtes pere... mais.

DOMINIQUE pere.

Monſieur, il n'y a pas la moindre tache dans notre famille, nous allons tous la tête levée. Vous auriez tort de vous ſcandaliſer de ma demande; allez, ſous cet habit groſſier, je ſais ce que c'eſt que le monde, il eſt des préjugés que l'on ſacrifie ſans peine, pour peu que l'on raiſonne. J'ai vu les grands, j'ai vu les petits ; ma foi, tout bien conſidéré, tout eſt de niveau. Ce qui en fait la différence ne vaut pas la peine d'être compté : mon fils a du ſavoir, de la figure, de l'honnèteté, des mœurs, de l'amour pour l'ordre & le travail, & qui ſait juſqu'où ce garçon-là doit monter : .. c'eſt un grain de moutarde qui peut lever bien haut.

M. DELOMER.

Vous avez raiſon, & je ne ſongeais pas qu'à commencer dès ce jour, je ne dois pas trouver un ſi grand intervalle entre lui & moi : (En ſoupirant.) ah quel jour, quel jour !.. mais dites-moi la vérité, eſt-ce de ſon conſentement que vous me déciarez ſes ſentimens, vous n'êtes pas fait pour vous avilir juſqu'au menſonge?

DOMINIQUE pere.

Il s'agirait de sa vie, que je ne mentirais pas :
vous ne connaissez donc point le pere Dominique !
la démarche que je fais n'est point de son aveu.
Il est aussi loin d'en attendre le succès que je suis,
moi, plein de confiance.

M. DELOMER.

Vous pourriez cependant vous abuser.

DOMINIQUE pere, avec une certaine assurance.

Non, Monsieur, je ne m'abuse point.

M. DELOMER.

Mais vous êtes singulier !

DOMINIQUE pere.

Mais je suis vrai. Point de détours avec moi,
vous pensez peut-être que ce sont de ces tendresses
de dot, comme en a Monsieur Jullefort.

M. DELOMER.

Ne prononcez pas le nom de cet homme-là, il
m'anime trop le sang.

DOMINIQUE pere.

C'est seulement pour vous faire entendre que, si
j'eusse soupçonné dans mon fils la moindre idée d'intérêt, je ne m'en serais pas mêlé. J'ai descendu
dans son cœur, je l'ai trouvé tout rempli de cette
flâme que vous & moi avons sentie à son âge ; je
me souviens de mon jeune tems... l'objet en est digne,
& j'en suis d'une joie inexprimable. Dites deux mots
& voilà deux heureux, que dis-je ? en voilà quatre.

M. DELOMER.

Vous croyez donc que ma fille y confentirait fans peine ? Vous l'aurait-il fait entrevoir? Parlez: il faut que je fache tout.

DOMINIQUE *pere.*

Mais je crois , entre nous foit dit , que mon fils jeune , aimable , poli , affez bien tourné , doit lui revenir mieux que ce Monfieur Julle . . . . ah! pardonnez ; je ne l'ai pas nommé !

M. DELOMER.

Encore un mot . . . . votre fils vous a-t-il paru tout-à-l'heure avoir auffi fortement envie de l'époufer que lorfqu'il vous en a fait ce matin le premier aveu ?

DOMINIQUE *pere.*

Vous penferiez que du matin au foir mon fils ferait capable . . . mais je vous dirais . . .

M. DELOMER.

Dans de certaines circonftances il ne faut qu'une heure pour produire de grands changemens . . . je l'ai éprouvé.

DOMINIQUE *pere.*

J'aurais feulement voulu que vous l'euffiez écouté un inftant avant que d'entrer : la moindre de fes expreffions , quand il parle d'elle , vous aurait touché , & vous en aurait plus appris que tout ce que je pourrais vous dire.

M. Delomer.

Cela me fait beaucoup de peine.

Dominique *pere.*

Beaucoup de peine !

M. Delomer.

Je ne puis lui donner mon confentement.

Dominique *pere, fierement.*

Et pourquoi, s'il vous plaît ? La raifon ?.. à tout il y a une raifon.

M. Delomer.

Je vais vous la dire. Ne croyez pas que ce foit une fauffe idée de méfalliance qui me domine : quand il y en aurait une, fon mérite applanirait cette difficulté : il eft vrai que je me fuis fenti choqué au premier mot, je vous l'avoue ; j'ai eu cette faibleffe : & c'en eft une des plus grandes ; car, en refléchiffant bien, je ne dois voir en vous que mon égal, votre état ne différe du mien que par un extérieur moins brillant : dans le fond & vu du côté réel, c'eft, du plus au moins, toujours vendre pour gagner.

Dominique *pere.*

Toujours vendre pour gagner, c'eft bien dit cela.

M. Delomer.

Votre fils eft un jeune homme qui fûrement d'ici à quelques années trouvera un excellent parti, pour peu qu'il fe répande dans le monde ; de mon côté je veux le recommander à ce qu'il y a de mieux.

DOMINIQUE *pere.*

Tenez, recommandez le feulement à Mademoifelle votre fille : voilà tout ce que nous vous de-
mandons.

M. DELOMER.

Ma fille n'eft plus à marier, dès demain elle en-
trera au Couvent ; l'avenir feul m'apprendra fi
elle doit un jour en fortir.

DOMINIQUE *perc.*

Vous auriez la cruauté de la mettre fous la grille,
quand on vous dit qu'elle a un amant ! ... Savez-
vous bien que je ferais un homme à vous dire des
chofes dures ? n'êtes-vous pas fon pere, comme
je le fuis de mon fils ? & ce cœur, ce cœur qui
nous bat pour un enfant, ne le fentez-vous pas
treffaillir pour fon bonheur ?.. Cloîtrer une fi aimable fille, à fon âge !.. ah ! prenez garde...

M. DELOMER.

Vous ne favez point quelles font mes raifons :
la néceffité contraint la meilleure volonté. Puif-
qu'il faut vous le dire, je ne fuis pas affez riche
pour établir ma fille, je ne peux lui rien donner,
rien ; c'eft la plus exacte vérité, & voilà la vraie
caufe de cette rupture dont je viens de vous faire
part ; vous vous étonnez, vous ouvrez de grands
yeux ; mais cela eft ainfi.

DOMINIQUE pere, avec une joie concentrée.

Vous n'avez rien à lui donner ! Bon, bon.... tant-mieux, tant-mieux.

M. DELOMER.

Une banqueroute, après vingt ans de travaux me remet au même point d'où je fuis parti.

DOMINIQUE pere.

Bon, bon.

M. DELOMER.

Je ne la refuferais pas à un homme affez riche par lui-même pour commencer une maifon ; mais ne pouvant aider aucunement votre fils qui n'a rien, vous penfez bien qu'il eft inutile d'y fonger. Je ne fouffrirai pas qu'il l'époufe pour vivre dans le mal-aife... non, non, jamais... il y a trop d'amertumes à boire dans cette gêne étroite ; & fans un peu d'a-bondance l'amour lui-même fe détruit & fait place à la difcorde.

DOMINIQUE pere.

C'eft-à-dire que fi mon fils étoit riche de com-bien feulement ? Voyons.

M. DELOMER.

Oh ! s'il avait feulement dix-mille écus pour commencer... vous riez !

DOMINIQUE pere.

Oui, je ris, dix-mille écus ! Achevez.

M. DELOMER.

Je le préférerais au plus riche négociant de Paris ; car, je ne vous le cèle pas, il m'eft agréable

en tout point ; & si je ne me trouvais réduit... mais
le commerce, mon cher Dominique, est semblable à
une mer tantôt calme & tout à-coup orageuse. Les
mêmes vents qui font voler votre vaisseau, l'englou-
tissent. J'ai fait naufrage sous un ciel qui paraissait
serein. C'est à vous de faire entendre raison à votre
fils ; il a l'esprit juste , il sentira, de lui-même ,
combien le sort est contraire à ses vœux.

D O M I N I Q U E pere.

Me donnez-vous votre parole que , s'il n'y avait
point d'autres obstacles ; votre fille serait à lui ?

M. D E L O M E R.

Oh ! de bon cœur... puisse-t-il acquérir tout le
bien que je lui souhaite ; mais, s'il faut vous le dire ;
pour un homme de probité cela devient plus difficile que jamais.

D O M I N I Q U E pere, regardant son baril.

Allons, mon baril, allons, parle pour moi ... Vil
argent ! c'est donc à toi & non au mérite personnel
qu'il faut devoir le bonheur de mon fils ! J'ai bien
fait d'y penser : (<i>Reprenant la main à M. Delomer.</i>)
touchez là , c'est une affaire faite.

M. D E L O M E R.

Vous perdez l'esprit !

D O M I N I Q U E pere.

Voyez, voyez seulement ce qui est là dessus ma
brouette.

M. Delomer.

Eh bien , quelle folie !

Dominique pere, *le prend par la main, & le conduit au baril.*

Ecoutez bien : là-dedans font trois mille-fept-cent foixante & dix huit louis d'or en rouleaux bien comptés & fix facs de douze-cents livres : il n'y a rien de plus ni de moins : voulez-vous voir ? j'en fuis le maître.

M. Delomer.

Quel langage ! Vous m'étourdiffez.

Dominique pere.

Rien n'eft plus jufte , il faut voir quand on doute. (*Il tire un petit maillet de fa poche & défonce le baril ; il fait fonner des facs & défait un rouleau.*) Tenez, voyez , palpez.

M. Delomer, *jettant un cri.*

Eft-il poffible ? mais c'eft de l'or.

Dominique pere.

C'eft-là mon porte-feuille à moi ; il eft fûr celui là... point de fauffe monnoie... tout en efpèces fonnantes.

M. Delomer.

En vérité , je ne fais que dire : comment ! c'eft à vous ? .. mais d'où vient tout cela ?

Dominique pere.

De m'être toujours levé de grand matin ... voilà quarante-cinq ans que je fuis à-peu près vétu comme

vous voyez, & depuis quarante-cinq ans le labeur
de chaque Soleil a amené succeſſivement une petite
portion de cette maſſe. Tandis que vous autres dé-
penſiez chaque jour, j'amaſſais chaque jour, j'écono-
miſais ; depuis que je me connais, je me ſuis amuſé
de la fantaiſie de me bâtir une groſſe ſomme, non
par avarice au moins ; mais pour pouvoir aſſurer
le bien-être de ma vieilleſſe & de ceux qui vien-
draient après moi. Je n'ai point connu les priva-
tions de la léſinerie. J'ai été frugal & laborieux,
voilà tout mon ſecret : je ne puis dire moi-même
comment cette maſſe s'eſt formée : mais, à force
de ſuivre mon idée, j'ai eu toutes ſortes de petits
avantages qui ſont venus accumuler mon petit tré-
ſor. Jamais l'amour d'un plus grand gain ne m'a
fait hazarder ce que la fortune m'avait une fois en-
voyé, j'ai bien tenu ce que je tenais ; & le diable,
par conſéquent, n'a pu me l'emporter : il eſt vrai
qu'enſuite l'ambition d'élever mon fils n'a pas laiſſé
que de m'aiguillonner. A meſure qu'il grandiſſait, l'a-
mour paternel a fait des miracles, ou plutôt
Dieu a béni mon projet, puiſque, ſans cet argent,
que j'ai lieu de chérir, mon fils, mon cher fils de-
venait malheureux.

M. DELOMER.

Je ne puis en revenir : & votre deſſein eſt en
m'apportant cette ſomme?...

DOMINIQUE *pere.*

De faire fon établiffement d'accord entre vous trois... ce n'eft plus là mon affaire ; tout eft à vous, partagez... j'ai un marais de trois arpens au faux-bourg Saint-Victor, joint à une petite maifonnette : c'eft tout ce qu'il me faut pour ma fubfiftance & mon plaifir, je ne veux rien de plus...

M. DELOMER.

Quoi ! vous abandonneriez ?..

DOMINIQUE *pere.*

Faites-les venir , vous dis-je : voilà le plus grand plaifir de ma vie. Demain je pourrais mourir & je ferais privé de ce fpectacle délicieux... (*Avec fen-timent.*) Mon fils ! la jouiffance de ton héritage ne fera point attriftée par mon deuil.

M. DELOMER.

Je fuis hors de moi... la furprife , l'admira-tion... je n'ai pas la force de parler, la joie.... je vais vous les faire venir.

SCENE V.

DOMINIQUE *pere, appuyé fur*
fon baril, & remettant les rouleaux &
les facs.

Métal pernicieux ! tu as fait affez de mal dans
le monde , fais y du bien une feule fois. Je t'ai en-
chaîné pour un moment d'éclat : voici le moment
tant defiré ; fors, va fonder la paix & la fûreté
d'une maifon où habiteront l'amour & la vertu.
J'irai quelquefois me réjouir du bon emploi qu'on
va faire de toi : le pere , la fille, mon fils ... ils font
tous d'honnêtes gens.

SCENE VI.

DOMINIQUE *pere* ; M. DELOMER,
accourant avec tranfport.

M. DELOMER.

Ils vont venir, quel va être leur étonnement &
leur joie !.. mais eft-il poffible que vous ayez eú la
conftance d'amaffer en filence une auffi forte fomme,
fans être tenté d'en faire ufage pour vous ?

DOMINIQUE *pere.*

Je jouissais en songeant que j'amassais pour mon fils : prenez bien garde, il n'y a pas là une seule obole qui n'ait été acquise d'après les loix les plus sévéres de l'exacte probité. Tout est à moi bien légitimement ... allez, cet argent profitera.

M. DELOMER.

Mais si ce fils si cher était venu à mourir, vous n'aviez que lui ! quels chagrins alors ! Entre les mains de qui cet or aurait-il passé ? que d'épargnes inutiles & perdues !

DOMINIQUE *pere.*

Oh ! j'y avais songé.

M. DELOMER.

Qu'auriez-vous fait ?

DOMINIQUE *pere.*

Quand je me suis dit à l'âge de vingt ans, il faut que je m'assûre pour moi & pour les miens une somme quelconque, afin de parer aux besoins de la vie, parce que l'argent sous ce point de vue est aussi nécessaire qu'une roue l'est à ma brouette, je ne songeais pas à mon enfant, puisque je n'étais pas encore marié ; mais dès ce tems-là j'avais un projet en tête.

M. DELOMER.

Et quel était-il, votre projet ?

DOMINIQUE *pere.*

Chacun peut faire quelque chofe d'élevé dans
quelque état qu'il foit, il ne faut que vouloir ; les
uns mettent leur ambition à bâtir, les autres à fe
mettre en charge, ceux-ci à envoyer leurs biens
fur mer : phantôme que tout cela, rien n'approche
du plaifir que j'imaginais. C'était une action dont
l'idée m'a toujours plû & qui me réjouit encore,
quand j'y fonge ; la voici : fuppofons que je n'aie
point d'enfant, je n'ai point d'héritier ; par conféquent ; j'ai là une fomme bien ronde, bien com-
plette & qui ne doit rien à perfonne : perfonne,
après mon décès, ne compte deffus ; on ignore
abfolument ce que j'ai. J'écoute par le monde toutes les hiftoires que l'on y débite, je m'informe, je
fuis fur le qui vive, j'apprends fecrettement qu'un
honnête-homme, chef de famille, eft tombé dans
l'infortune, ou par un revers fubit, ou par une
perfécution cruelle ; il va perdre fon crédit ou fa
liberté ; perfonne n'eft affez riche, ou n'a la volonté
de le fecourir auffi promptement que le cas l'exige,
il va être ruiné, il eft perdu fans reffource... que fais-
je ! j'arrive un beau matin à fa porte, je frappe, je
demande à lui parler en fecret, on m'introduit :
j'entre tout comme je fuis vêtu à préfent, là, avec
mon petit baril & mon tablier : il me regarde fort
étonné... je lui dis tout bas à l'oreille en montrant
ce baril du doigt ; honnête-homme infortuné, voilà

qui eſt à vous , prenez , n'en dites mot à perſonne... ;
tous les Dimanches je viendrai à midi manger votre
ſoupe, adieu : & je diſparais.

M. D E L O M E R *ſe jette à ſon cou avec tranſport.*
Mon cher ami ! que je vous ſerre dans mes bras.

S C E N E VII. *& derniere.*

M. DELOMER , DOMINIQUE *pere* , Mademoiſelle D E L O M E R & DOMINIQUE *fils.*

Mademoiſelle D E L O M E R *à Dominique.*

VOTRE pere & le mien qui ſe tiennent embraſſés!

DOMINIQUE *fils.*
Serais-je aſſez heureux ... je tremble d'approcher.

Mademoiſelle D E L O M E R.
Ah ! je crains encore plus que vous.

M. D E L O M E R.
Avancez , ma fille.

DOMINIQUE *pere.*
Dominique , approche donc.

DOMINIQUE *fils* , *à M. Delomer.*
Monſieur, épargnez-moi : l'état où vous me voyez
eſt au-deſſus de mes forces, puiſque vous ſavez tout,
décidez de ma vie.

M. DELOMER.

M. DELOMER.

Et vous, ma fille, que dites-vous ?

Mademoiselle DELOMER, *timidement*.

J'attendrai vos ordres, mon pere, & me ferai un devoir de les remplir.

M. DELOMER.

Mais il me semble que vous vous entendez parfaitement, & qu'il n'est pas besoin d'expliquer plus au long ce qui est entre vous.

DOMINIQUE *pere*.

Elle a rougi, son cœur a parlé. La belle enfant! qu'elle m'enchante !

(*Mademoiselle Delomer se trouble & veut se retirer.*)

M. DELOMER.

Restez, ma fille, restez... je connais vos sentimens, je les approuve ; il ne tient plus qu'à vous de lui donner votre main, j'y consens.

DOMINIQUE *pere, à son fils*.

Entends-tu ? m'en croiras-tu une autre fois ? Quand je te l'ai dit ; va, va, les peres en savent toujours plus que les enfans.

DOMINIQUE *fils, à M. Delomer, prenant la main de Mademoiselle Delomer*.

Ah ! je crains de m'être trompé ... vous me l'accordez... dites, repétez-le ; mais non ; il me suffit, votre promesse m'est donnée... la surprise & le plaisir m'ôtent la voix.

G

M. DELOMER.

Ma fille, est-ce de bon cœur que tu acceptes Dominique pour ton époux ?

Mademoiselle DELOMER.

C'est lui que j'aimais, je me plais à l'avouer. Ce n'est pas la richesse, qui rend si heureux, & quand on s'aime bien, il est facile d'être content avec peu.

DOMINIQUE père.

Voilà qui est parlé. (*A Mademoiselle Delomer.*) Je ne vous répugne donc pas, Mademoiselle : vous aimerez donc aussi un beau-pere bâti comme je le suis ?

Mademoiselle DELOMER.

J'ai appris de bonne-heure à chérir la probité sous quelque vêtement qu'elle paraisse, & vous vous êtes montré avec tous un si digne homme, & avec lui un si bon pere, qu'il serait difficile de ne pas vous chérir.

DOMINIQUE *père, les prenant par la main & les conduisant à la Brouette.*

Connaissez le pere Vinaigrier : voyez son trésor il est pour vous : voilà la secrette épargne de tout ce que la fortune lui a procuré depuis sa jeunesse. S'il avait davantage, il vous le donnerait. (*Il étale l'or & l'argent.*)

DOMINIQUE *fils.*

Quoi ! mon pere, ceci serait à vous ?

DOMINIQUE *père.*

Oui, mon ami, à moi. Ton faififfement, tes grands yeux ouverts, ton air extafié me caufent plus de joie dans ce moment que les mines du Pérou n'en ont jamais fait éprouver à tous les Potentats de ce monde.

M. DELOMER.

Sachez qu'il y a là près de cent-mille livres.

DOMINIQUE *père.*

Eh ! mais vraiment, c'eft tout comme je vous l'ai dit.

DOMINIQUE *fils, à M. Delomer.*

Allons, Monfieur, allons, nous allons mettre ordre à tout... (*Vivement.*) N'eft-il pas vrai, mon père? Il ne faut point perdre de tems ... Cette fomme...

M. DELOMER.

Dois-je le fouffrir ? Non, non.

DOMINIQUE *père, à fon fils.*

J'attendais ce mouvement de ton ame, & tu ne m'as point trompé : oui, il faut réparer cette faillite malheureufe. Quel plus noble emploi peut-on faire de cette fomme ?... Mes enfants, femez avec cet argent, femez fans crainte, & la moiffon fera bénie du Ciel.

Mademoifelle DELOMER, *lui faut au cou.*

Ah ! que je vous embraffe comme un père.

M. DELOMER.

C'est bien, c'est bien ma fille. Honore & respecte toujours en lui cette grandeur d'ame & cette bonté qui me surpassent & que du moins j'admire.

(ils s'embrassent tour-à-tour.)

DOMINIQUE fils, à son pere.

Mon pere ! quoi vous aviez tout cet argent à votre disposition, & vous avez traîné la brouette, & vous m'en faisiez un secret ?

DOMINIQUE pere.

C'est à ce secret que nous devons tous notre bonheur. Un seul confident aurait pu tout gâter. Il m'aurait peut-être détourné de mon genre de vie : on se laisse séduire à la fin; & , d'une fantaisie à une autre, tout cet argent se serait envolé de façon que sans en avoir été ni plus gras, ni plus content, je ne me trouverais pas au but où je suis aujourd'hui ... A l'égard de la confidence que j'aurais pu te faire, c'était encore une autre question... heureux l'homme que son pere élève sans nulle autre perspective de ressource que lui - même ! il en vaut bien mieux; & tous ces mauvais sujets, tous ces enfans de famille, mangeurs de soupe apprêtée, n'ont que de la suffisance & font mauvaise nourriture du bien de leurs parens, dont ils n'aiment trop souvent que l'héritage: l'aspect d'une fortune assurée les rend fainéans, paresseux & conséquemment libertins. Il faut qu'un

jeune-homme fente de bonne heure l'inquiétude
du befoin réel & la néceffité du travail , fans quoi,
ordinairement il ne fait rien faire d'utile. Si le malheur eût voulu que tu te fuffes gâté au point d'être
un vaurien comme j'en vois tant , oh ! je ne te le
cache pas ; tout ceci aurait été pour un autre ;
afin d'être mis à bon ufage.

DOMINIQUE *fils.*

Vous auriez bien fait, mon pere . . . Mais que ce
fruit de vos épargnes vient à propos ! il ne pouvait
m'être plus précieux que dans ce moment (*Regar-*
dant Mademoifelle Delomer.) où tout fe réunit pour
combler ma félicité.

DOMINIQUE pere , *fe raffafiant du plaifir de*
les voir.

Les chers enfans ! Je pafferai ma vie avec eux.
(*A Monfieur Delomer.*) Ne vous y trompez pas :
vous êtes l'homme chez qui j'irai tous les Dimanches manger la foupe , vous en face , & mes deux
enfans à mes côtés , afin qu'en me reculant un peu,
je vous voye tous trois , là , à mon aife . . . gardons
nous de faire trop de bruit ; que rien de ceci ne
tranfpire. (*A fon fils.*) Allons, Dominique, mene la
brouette de ton pere ; voyons cela. Il faut aller
vuider le tout dans la caiffe. Ma bru ira faire
écarter les domeftiques , en ordonnant de faire fervir le foupet : car il eft l'heure, je penfe. (*Il regar-*
de à une groffe montre d'argent qu'il tire de fon gouffet.

M. Delomer.

Dès ce soir nous passerons contrat... Voulez-vous mon Notaire ou le vôtre?

Dominique *père.*

Un Notaire! Moi! Et pourquoi faire?.. Quand la bonne-foi n'est point dans les paroles elle ne se couche point dans les écrits... Au reste, faites selon que la mode l'exige, puisqu'à chaque bibus il faut employer deux de ces Messieurs. (*Appercevant Mademoiselle Delomer qui aide à Dominique.*) Eh! voyez, voyez, je vous prie, qu'ils sont bien ainsi attelés ensemble!.. (*Il rit.*) Allons, allons, mes bons amis, je vous laisse faire, je ne m'en mêle pas: courage, voyons si cela roulera ...(*La brouette n'allant pas bien, Monsieur Delomer met la main à l'œuvre.*) Et vous aussi, vous-tirez à mon baril; bon, bon, cela. (*Il rit.*) Ah! les mal-adroits!.. Eh bien!.. vaille que vaille ...(*A son fils.*) Tu ne te plains donc plus de ma brouette?

Dominique *fils.*

Oh! non, mon pere, non...je ne savais pas quel vinaigre était dedans...

Dominique *père.*

Ma foi, c'est du meilleur que je puisse donner... Cela fait revenir de bien loin, n'est-il pas vrai? & on peut le mettre à toutes sauces. (*La brouette sort: Dominique père, arrêtant Monsieur Delomer.*) Vos domestiques!... Ces drôles-là, ils vont être

bien étonnés de me voir à table , avec mon bonnet ;
je ne le quitte pas au moins ... ils ouvriront de
grands yeux ... tant-mieux , tant-mieux ; cela fera
plaifant . .. Ils ne voulaient pas que je miſſe là la
brouette ; n'ai je pas bien fait d'entrer malgré eux?..
Oh ! j'en rirai longtems.

M. DELOMER.

Venez , mon cher ami , venez : cette maiſon-ci
déformais fera plus la vôtre , qu'elle n'eſt la mienne.

Fin du troiſieme & dernier Acte.

www.ingramcontent.com/pod-product-compliance
Lightning Source LLC
Chambersburg PA
CBHW052132090426

42741CB00009B/2056